天国酒場

by パリッコ

柏書房

「天国酒場」とは？

整備された観光地というわけではない、なんでもない川沿いや、公園の中、池のほとりなどに、ぽつんと1軒、味わい深い茶屋が建っていたりする。入ってみると、広々とした水辺の風景をひとりじめしながら、おでんをつまみにカップ酒が飲めたりする。そんな「日常の隣にある非日常」的な店の存在に気づき、探しはじめてみると、意外なほどにあちこちに見つかるもので、そういう店を「天国酒場」と名づけ、巡り、写真やメモに記録することが、いつしかライフワークになっていった。

普段、何気なく過ごしていると見落としてしまう。だけど一歩入り口を入れば、そこには天国のような空間が広がっていて、夢心地に酔うことができる。

全国各地に無数にあると思われる天国酒場
のうち、僕がこれまでに出会ったいくつかを、
この本に記録させてもらおうと思います。

パリッコ

目次

天国酒場

埼玉県
飯能市

橋本屋

自然と自分の境界が曖昧になる飯能の川床

近年、埼玉県の飯能《はんのう》市周辺がなんだかにぎやかなことになっている。

北欧をテーマにしたショップやアトラクションが揃う「メッツァビレッジ」と、日本初のムーミンテーマパーク「ムーミンバレーパーク」がオープンし、飯能駅舎もリニューアル。駅名表示板には（ムーミンバレーパーク最寄駅）なんて表記がプラスされた。入間《いるま》川《がわ》沿いに「CARVAAN」という小洒落《こじゃれ》たブルワリーレストランができたという噂も聞いた。

しかしながら、僕のような根っからの西武池袋線沿線民にとって、飯能は昔から、川遊びとバーベキューの街。駅から数分も歩けば水の透きとおる清流が流れ、大自然の景観が広がる。特に「飯能河原」エリアはアウトドアレジャーのメッカで、子供の頃からよく遊びに行ったものだ。

ところが、飯能河原をさらに少し越えた場所に「橋本屋」という天国酒場があることを知ったのは、つい数年前のこと。何度も訪れたことのあるエリアだし、位置的に視界に入ってもいたはずなので、子供心に興味をそそられるような外観の店ではなかったということだろう。

が、重度の酒好きに成長し、渋い酒場の味わいを愛するようになり、やがて出会った橋本屋の圧倒的な佇《たたず》まいに感動した日のことは、昨日のことのように覚えている。川面にせり出すようにそびえ立つ、2階建ての建物。それを飾るのは、すべてご主人が手書きした

ラーメン
うどんそば
食事お休憩ご宴会
橋本屋
二階のご利用は
ご宴会
ご休憩
は予約制
カラオケ
あります
うどんそば
いらっしゃいませ
休憩
カラオケ

どうぞお唄い下さい
一曲 200円
カラオケ

という達筆な看板の数々。縦長の店内は畳敷きの座敷になっていて、小さなテーブルが行儀よく並び、川に向かって全面が窓。水面で反射した光にキラキラと照らされ、冬場に窓を開けていても汗ばむくらいの暖かさだ。

創業は約70年前。今より娯楽の少なかった時代、川遊びのベース基地として開店したのだろうが、酒やつまみも出してくれるのがありがたい。さらにありがたいのは、季節を問わず通年営業してくれているという点。夏はもちろん、四季を通じて目の前に広がる絶景を楽しみながら酒を飲むことができるというわけだ。

美人で話好きの女将《おかみ》さんが、まるで親戚の家にでもやってきたかのようにあれこれと世話を焼いてくれる。無理を言い、雑誌やTVなどで何度か紹介させてもらったことがあり、遊びにいくたびに丁寧にお礼を言ってもらうのが、なんだか恐縮なのだけど。

奥の厨房はご主人の場所で、その寡黙《かもく》な仕事ぶりに毎度ほれぼれしたものだが、大変残念なことに、一昨年（二〇一八年）に亡くなられてしまった。それでもしばらくして店は再開し、その後訪れた時に女将さんは「しばらくは毎日泣いて暮らしたのよ。だけどさ、私がやれるうちはやめないで続けようと思ってね」と笑顔で話してくれた。

そういう事情だから、ご主人が長年継ぎ足し続けてきた、真っ黒でしょっぱくて最高に酒に合う「烏賊《いか》の煮つけ」と「蒟蒻《こんにゃく》の煮つけ」はなくなってしまったし、出せる料理も限

お新香 四〇〇
いかの煮つけ 七〇〇
蒟蒻の煮つけ 四〇〇
味噌おでん 四〇〇
鳥の唐揚げ 七〇〇
冷やヤッコ 四〇〇
アユの塩焼 七〇〇

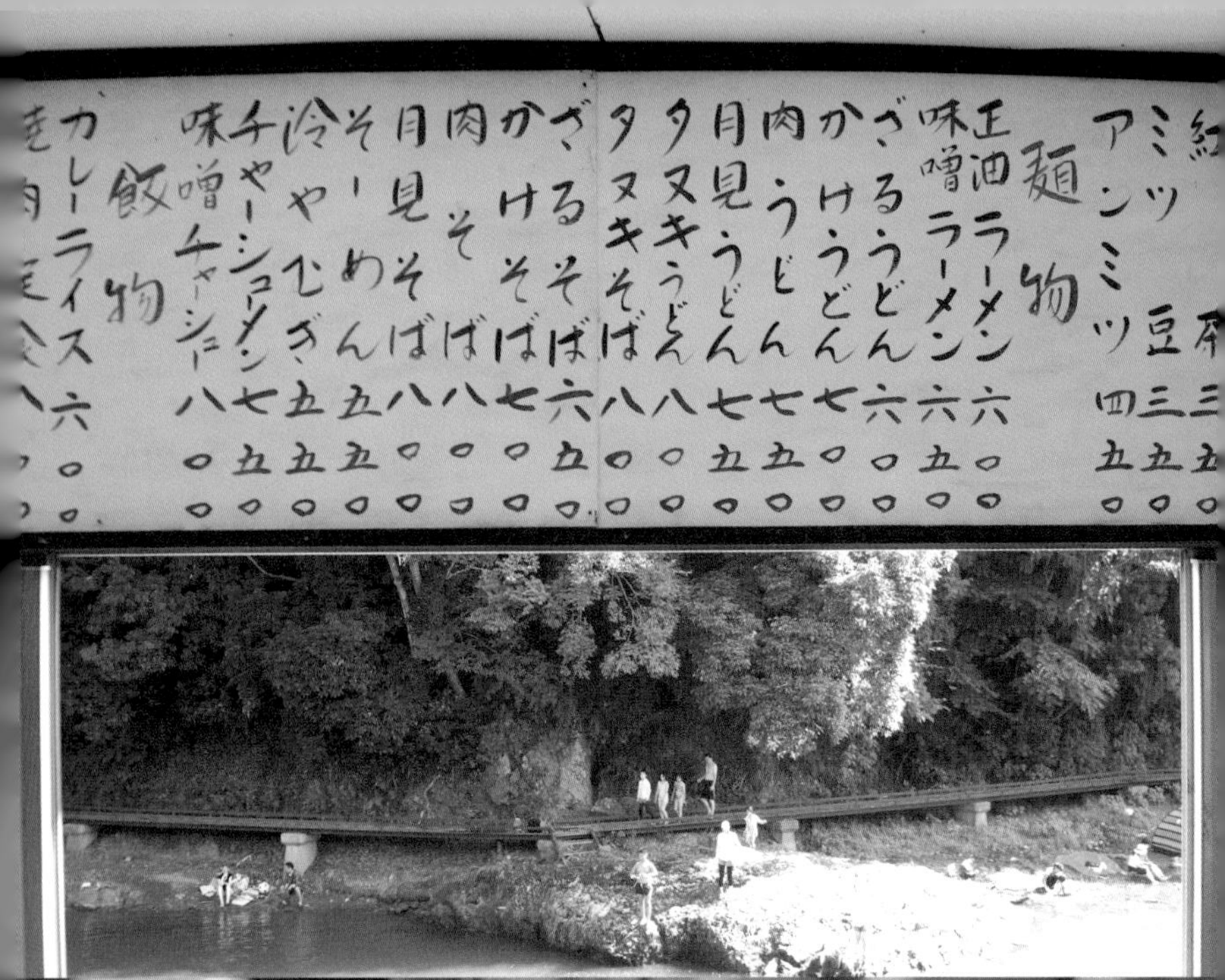
ミツ豆 三五〇
アンミツ 四五〇
麺物
正油ラーメン 六〇〇
味噌ラーメン 六五〇
ざるうどん 六〇〇
かけうどん 七〇〇
肉うどん 七五〇
月見うどん 七五〇
タヌキうどん 八〇〇
タヌキそば 八〇〇
ざるそば 六五〇
かけそば 七〇〇
肉そば 八〇〇
月見そば 八〇〇
そーめん 五五〇
冷やむぎ 五五〇
チャーシューメン 七五〇
味噌チャーシュー 八〇〇
飯物
カレーライス 六〇〇

られているそうだが、この空間で飲めるだけでもじゅうぶんだし、ご主人の残した達筆メニューはそのままだ。

のんびりと飲んでほろ酔いになったところで、客席がまばらであれば、窓を開け、ざぶとんを枕にごろりと横になる。涼しい風がほほをなで、聞こえるのは川のせせらぎ、木々のざわめき、鳥の声。「なんとマナー知らずな」と思われるかもしれないが、これは女将さんも推奨するここでの過ごしかたなのだ。そんな店が、他にどれだけあるだろうか。

以前女将さんがこんなことを言っていた。

「この前、日光まで紅葉を見にいってきたんだけどね、帰ってから窓の外を見て気がついたのよ。わざわざ遠くに出かけなくても、ここの景色がいちばんだって」

そんな場所を持てる人生って素晴らしいなと羨《うらや》ましく思いつつ、僕はただ、いっときでもその場所をお借りできる喜びを噛《か》みしめるばかりだ。

橋本屋
住所　埼玉県飯能市大字飯能271
電話　042・972・5021

氷
処・お食事
橋本屋

東京都
杉並区

武蔵野園

進化の先が想像できない
水上の手作りリゾート

バイタリティにあふれまくる人というのがいる。日頃から、あれもやりたい、これもやりたいと思いつつ、隙さえあればすぐにサボってしまう自分からすると、10倍、いや100倍は行動力があるのでは？　と、畏怖《いふ》の念さえ抱いてしまう人。例えば、「武蔵野《むさしの》園《えん》」の青木大輔さんがそうだ。

武蔵野園とは、杉並区「和田堀公園」内で、70年以上も営業を続ける釣り堀。もとは母屋である建物にちょっとした食堂が併設されているだけだったのが、現店主である三代目の青木さんがお店を受け継いでから、徐々に様子が変わりはじめた。

僕が初めてここを訪れたのは2015年。友達に「おもしろい店がある」と誘われ、永福町《えいふくちょう》の駅から20分くらい歩いた先に、天国はあった。

真っ赤な柵《さく》が全体を覆う外観は遠目にちょっと異様だが、設備自体は昔ながらの釣り堀。入り口から奥を覗《のぞ》くと、キラキラとした水面と釣り人たちの姿が見える。とてものんびりとした良い光景だ。が、自分が目を輝かせてしまうのはもちろん、その横の食堂の看板。生ビール、缶ビール、日本酒、缶チューハイ、枝豆、下足《げそ》揚げ、おでん……。めちゃくちゃ飲めそうな店だ！　喜び勇んで扉を開けて気づく。あれ、ここは、人気ドラマ「孤独のグルメ」にも登場した食堂じゃないか！　と。しかしながら、番組で紹介されていたのは店内のみ。そのまま通り抜けると、釣り堀の上に広がるテラス席へと続くのだ。ここ

がすごい。

ちょっとしたホールくらいの広さがある水上テラス席。鉄パイプの枠組みに、波板の屋根。周囲にはビニールシートがきっちり貼られ、それが壁になっている。ちょっと紗《しゃ》がかかったビニールシートの先に、きらめく水面が見える。天井のあちらこちらから、ファンシーなぬいぐるみがぶらさがっている。いったん気持ちを落ち着けようと、ホッピーセットを頼んでぐびり。ほろ酔いの頭であらためて眺めると、ここは天国酒場じゃなくて、もはや「天国」なんじゃないか、という気さえしてくるのだった。

何より驚きなのが、青木さんは建築業の経験があるわけではなく、席が足りずに入れないで帰ってしまうお客さんのために、すべて独学でこのスペースを作りあげてしまったということ。ここが大好きになって通うたびに設備がグレードアップしていくのも痛快で、ついに巨大なエアコン完備になってしまったのを見た時は、すごすぎて思わず吹きだしてしまった。

僕がここに来たら必ず頼むのが、香ばしいチキンライスをなめらかな卵が包む「オムライス」。真っ赤なケチャップたっぷりのこいつを突き崩しながらホッピーをちびちびやるのがたまらない。余裕があれば「カツ煮」と「イカ下足揚げ」もいきたいんだけど、そこは青木さんのこと。そもそもメニューが豊富なうえに、いちばん最近行った時には、「少々

先代の青木龍雄氏

三代目店主・青木大輔氏

お食事
武蔵野園
SUPER
"DRY"
Asahi

お時間をいただきます」の文字にそそられる「熟成とんかつ」が新メニューに加わっていて、毎回迷わずにはいられない。

いまや釣り堀の水面には、知り合いの映画関係者からもらったというジョーズの頭さえ浮かんでいる。意味なんてきっとない。「誰かが喜ぶかも」と思った瞬間に、青木さんは行動しているのだ。青木さんのバイタリティと武蔵野園の進化がどこまでいってしまうのかを確かめるため、そして、極上のとろけるような時間を味わうため、定期的に通わずにはいられない天国酒場だ。

武蔵野園
住所　東京都杉並区大宮2-22-3
電話　03・3312・2723

兵庫県
神戸市

おんたき茶屋

目の前の滝を眺めながら飲める。
それだけでじゅうぶんなのに……

とあるラジオ番組出演の依頼をいただき、生まれて初めて神戸に行くことになった。せっかくの機会だから、スケジュールには余裕を持たせ、できる限り現地の酒場などに寄る時間を作りたい。

まず新幹線が到着するのは新神戸駅。そこでＧｏｏｇｌｅマップやストリートビューを使い、駅周囲の様子を眺めてみる。すると、神戸という響きに対して漠然と抱いていた「港街」というイメージに反し、どちらかというと山側にあって、各地への山歩きルートの起点となっているような土地だということがわかった。

地図で見るに、駅から驚くほど近くに川が流れ、いくつかの滝が点在している。興味を持って調べてみると、「布引《ぬのびき》の滝」の「雌滝《めんたき》」と「雄滝《おんたき》」までが、それぞれ徒歩5分と10分と特に近い。ふらりと散歩するような感覚で滝を見に行けるなんて、なんて素晴らしい街なんだ。さらに嬉しいことに、雄滝の横には一軒の茶屋があって、滝を見下ろしながら一杯やれるらしい！　行くしかないでしょう。

新神戸に着き、舗装された上り坂を約5分歩くと、確かに「布引雌滝」があった。規模はそこまで大きくないものの、すでにマイナスイオンが充満している。滝壺を取り囲む人工建造物は兵庫区にある「奥平野浄水場」へ水を送るための取水施設で、竣工は明治33年（１９００）。国の重要文化財にも指定されており、重厚な雰囲気で見ごたえがある。

さてあと5分で雄滝か、と歩きだすと、そこからが意外ときつい。道は徐々に険しくなり、上り坂が途切れず続き、普段怠《なま》けきった体にかなりくる。これはもはや、登山だ。それでもさらに10分ちょっと歩くと、「布引雄滝」が見えてきた。雌滝よりも規模が大きく、神秘的な色の滝壺と、表情豊かな岩肌。うっとりとする自然美を堪能できる。

さてさて、いよいよ最大の目的地。その場所からほんの少し階段を上ったところに、確かに「おんたき茶屋」はあった。日本全国の登山道中に、休憩所を兼ねた茶屋はたくさんあるが、雰囲気はそれに近い。こんなに気軽に来られる店はめったにないだろうけど。

入り口すぐのテラス席からは間近に眼下の滝を眺められ、ちょっとできすぎたくらいのシチュエーションだ。コンロにかけた大鍋におでんがグツグツと煮えていて、周囲にたまらない香りが漂っている。

寒い時期だったので、室内の部屋へと通してもらうと、ここがまた素晴らしい雰囲気。子供の頃に行った親戚の家を思い出すような壁色の、木造の小屋だ。やかんが乗った石油ストーブの匂いがノスタルジックな気分に拍車をかけ、大きな窓の先にはもちろん、滝。

もはや、この空間の中に存在していられるというだけでありがたい。それなのに、おでんをつまみにビールまで飲めてしまう。さすがにもう、これ以上の贅沢《ぜいたく》は望みません。と、客の身としては言いたいのに、それだけにとどまらない過剰なサービス精神にあふれているのは、僕の知る「天国酒場」に共通する特徴かもしれない。

まず、メニューが豊富だ。おでん、うどん、そば、ラーメン、焼きそばなどに加え、酒のつまみになりそうな一品料理もあれこれある。しかもおでんはひとつ100円。麺類はすべて700円。その横に「大正3年創業」とあり、そんなに歴史が古く、かつこの立地であれば、すべてが倍の値段でも誰も文句は言わないと思うんだけど。その他、「ミニ懐石コース」なんてのが用意されていたり、季節ごとの宴会のしらせが貼られていたりと、あぁ、自分はなんで神戸に住んでいないんだ……と泣きだしたくなるほどに魅力的な文字が、壁のあちこちに踊っている。

おでんの盛り合わせを頼むと、それはもはや優しさのかたまりで、とろとろの厚揚げの食感とともに、食べている自分までとろけてしまいそうになる。

滝の名前を冠する「布引ラーメン」は、昔懐かしい素朴な見た目で、オーソドックスな醤油ラーメンに比べると若干甘いようなスープが、柔らかい麺とマッチしている。スープにカニカマが浮かんでいるのもかわいらしい。「湯豆腐」がまたすごく、土鍋のフタを開けると、パッと見ただけでも、青ネギ、白菜、おぼろ昆布、しめじ、ちくわ、刻みアナゴが確認できる。さらに掘りおこすと、なんと豚肉に、鶏肉まで……。

そんなおんたき茶屋のサービス精神の象徴ともいえるような、僕がもっとも骨抜きに

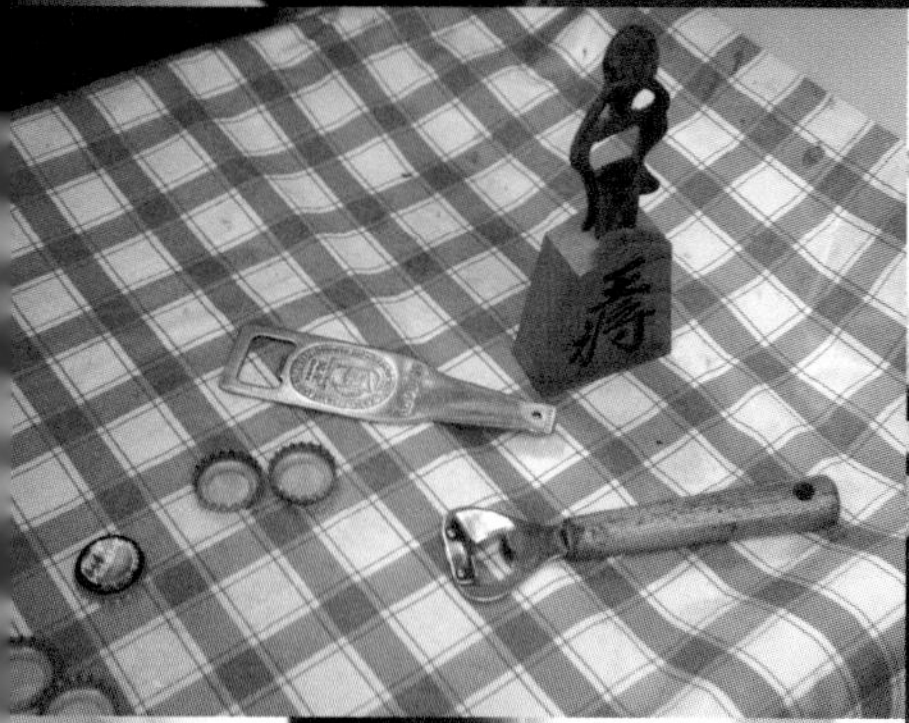
寿

DRY
Asahi
生

されてしまったメニューが「鍋うどん」。まず、ベースが大好きな「アルミ鍋うどん」だ。あと乗せサクサクタイプの天ぷらが乗ってるんだから間違いない。が、そこに、斜め切りにしたネギ、シメジ、カマボコ、ちょうどよく半熟になった玉子、さらには、こんがりと焼かれたモチまで乗っているという豪華版なのだ。こんなにも心癒《いや》される一杯のうどんには出会ったことがない。静かな小屋で、滝を眺めながらすする、湯気の立ちのぼる鍋うどん。つくづく、真の贅沢とは、ただ高いお金を出せば手に入るものではないと思わされる。

思わず「昔アイドルでもやられてました？」と聞きたくなってしまう美人の女将《おかみ》さんが、ちょこちょことこちらを気にかけ、話しかけにきてくれる。そのご好意に甘えてつい、「メニューにある瓶ビール、缶ビール以外に、お酒類は……ないですよねぇ？」なんて聞いてしまうと、そういう客も多いのだろう、缶チューハイやカップ酒を出してくれた。しかもカップ酒は、鍋に湯を張り、ストーブに乗せてお燗《かん》までしてくれる。

最後に熱いお茶をいただき、あらためて、抜群なシチュエーションにあぐらをかかず、どこまでも客のことを気づかってくれる、おんたき茶屋の、女将さんの温かさに、言葉をなくしてただ滝を見つめるのだった。

おんたき茶屋
住所　兵庫県神戸市中央区葺合町布引遊園地45
電話　078・241・3484

東京都
三鷹市

井泉亭

とんでもなく長い
歴史を持ちながら、
このまったり感

公園のなかや水辺など、特殊な立地にあることが多い「天国酒場」。過去にその場所の占有許可証が発行されて営業を続けているけれど、一度閉店してしまえば、おいそれと同じ場所で別の誰かが店を始めるというようなことができないという話はよく聞く。それだけ希少で、長い歴史を持つ店が多いというわけだ。

中でも吉祥寺《きちじょうじ》、井《い》の頭《かしら》恩賜公園内にある「井泉亭《いせんてい》」の歴史は飛び抜けている。井の頭公園の中心にある井の頭池の西のはしに「井の頭弁財天《べんざいてん》」がある。

弁財天（弁才天）とは、もともとはインドのヒンドゥー教の神様「サラスヴァティー」のこと。サラスヴァティーには「聖なる河」という意味があり、古くから水の神様として、そして、水の流れの音が音楽や豊かにあふれる言葉を連想させるため、学問や芸術全般の神様として信仰されてきた。また日本においては、五穀豊穣の神様として、さらには「才」を「財」に置き換え、財宝を授ける神様としての信仰も盛んだった。

源氏の祖である源経基《みなもとのもとつね》が、伝教《でんぎょう》大師（最澄《さいちょう》）の作である弁財天女像をこの地に安置したのが始まりで、その後、源頼朝《よりとも》がお堂を建立したと伝えられている。鎌倉時代に一度焼失するも、江戸時代、この地を鷹狩り場として使っていた三代将軍徳川家光《とくがわいえみつ》が宮社を再建した。

以上、自分もにわか知識をかき集めただけではあるが、この場所に大変な歴史があるこ

田舎しるこ
Oshiruko, sweetened red bean soup

SAPPORO

とはわかってもらえただろうか。

で、本題。その弁財天を臨むようにひっそりと建つ、一軒の天国酒場「井泉亭」。なんとここ、江戸時代に村尾《むらお》正靖《まさやす》（嘉陵《かりょう》）が書いた紀行文集『嘉陵記行』（現代語訳され『江戸近郊道しるべ』としても出版されている）に、すでに登場するのだ。文化13年（１８１６）の9月15日にこの地を訪れた村尾正靖。井泉亭らしき建物を「井頭弁財天境内図」に描いている。創業から数十年になるという天国酒場は珍しくないが、なんと２００年以上前には、すでに存在していたということだ。店内に貼られた由来によれば、「江戸時代、弁財天の参拝者たちをもてなすため、地元の有力者や地主たちによって建てられたと伝えられている」とあり、もはや言い伝えのレベルというわけだ。

そんな歴史を持つ井泉亭ではあるけれど、別に敷居が高いということはなく、瓶ビールやカップ酒を飲みながらぼーっと過ごすのに最適な、のんびりとした店。雰囲気のある木の壁に囲まれた店内で、大きな窓の外に広がる緑の風景を眺めていると、自分が東京を遠く離れた避暑地にいるとしか思えなくなってくる。

夏はかき氷、冬はおでんが待ち遠しく、軽食や甘味が幅広くメニューに揃う。また、いちばんの名物が「カレーライス」で、大ぶりのジャガイモやニンジンがゴロゴロと入り、肉もたっぷりの優しい味わい。気候の良い季節ならば表のテラス席で、このカレーをつま

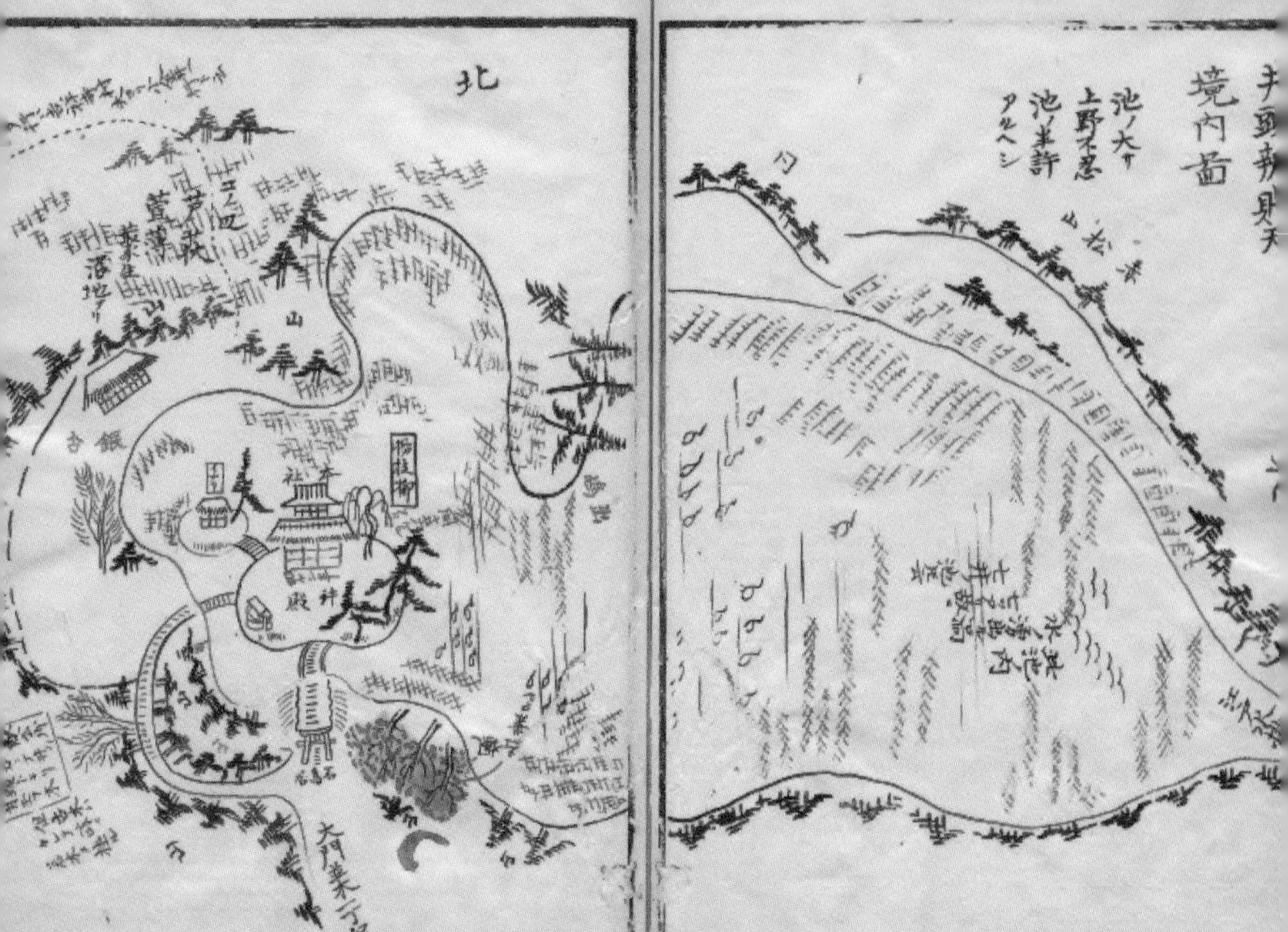

『嘉陵記行』「井頭弁財天境内図」（国立公文書館蔵）。
左上の方にお店がかわいらしく描かれている

みにちびちびとビールをやるのがたまらない。

一年中行楽客で大にぎわいの井の頭公園。しかし、その片すみで営業するこの店は、知る人ぞ知る隠れ家的スポット。江戸時代の人々も、同じようにのんびりとした気持ちで、同じ風景を眺めながら過ごしたのかな？　なんて想像すると、なんだか急に親近感が湧《わ》いてくるのもおもしろい。

残念なことに、現在（２０２０年）井泉亭は、新型コロナウィルスの影響で休業中、以前通りの飲食の提供や再開時期は未定とのことだが、名物のカレーライスをはじめ魅力あふれるメニューに再び会える日を気長に待ちたい。

井泉亭
住所　東京都三鷹市井の頭4-1-7 井の頭公園内

神奈川県
横浜市

阿部商店

日本のふるさとの原風景が広がる店へ〝擬似〟里帰り

僕は東京で生まれ、東京で育った。父方の祖父母は僕が物心ついた頃には亡くなってい て、母方の祖父母の家は板橋区で小さな町工場《まちこうば》を営んでいた。妻の実家も神奈川県。つまり僕には、いわゆる故郷への「帰省」「里帰り」というような経験がない。だからこそ人一倍「田舎《いなか》で過ごす夏休み」みたいなイメージに強いあこがれを抱いているところがある。そんな僕の郷愁を満たしてくれる「阿部《あべ》商店」に行くことは、自分にとって、〝擬似〟里帰りとでもいえるのかもしれない。

阿部商店は、横浜の都筑《つづき》区という場所にある。JR横浜線の小机《こづくえ》駅からは、徒歩で15分ほど。その隣の鴨居《かもい》駅からはのんびり歩いて30分ほどかかるが、一級河川「鶴見川」に沿って、散歩がてらにテクテクと歩いていくとたどり着けるので、僕はこっちからのルートのほうが好きだったりする。

川の土手沿いに突如現れる商店。この「土手沿いに突如現れる」ってところが、いかにも天国酒場らしくていい。日常が非日常へと切り替わる瞬間だ。

何度かの増築をくり返したことが見てとれる素朴な建物の青い屋根に、看板が立っている。「食事処 居酒屋 駄菓子 新鮮野菜販売 リバーサイド あべ」この、いきなり頭が混乱してくる感じ。最高。階段を降りて建物に近づくと、まず野菜の販売スペースがある。その横には、駄菓子屋がある。テラス席も隣接していて、その奥には靴を脱いで入れる店内

がある。その場所が食堂であり、居酒屋というわけだ。

初めてここを訪れたのは、以前僕が監修していた「酒場人」という雑誌の取材でだった。そのなかで天国酒場の特集を組むことになり、自分がすでに行ったことがあるお店の他に、もっとこういうテイストのお店がないかと探していたところ、横浜方面の情報に詳しい知人編集者さんが教えてくれ、連れていってもらったのだ。

その時、店主の阿部力《つとむ》さんは軽い怪我をされていて、店頭には出ず、自室で過ごされていた。にも関わらず取材に伺《うかが》ってしまったものだから、なんとその部屋に招き入れてくださり、いろいろとお話を聞かせてくれた。机の下ではかわいい猫ちゃんが昼寝をしている。その時に僕は、「里帰りってこういう感じなのかな?」と思ったのだった。

阿部さんは、「怪我は腕だから大丈夫」と言って、店やその周囲をゆっくりと案内してくれた。隣にある母屋には芝生の庭があり、なんと予約すればここでバーベキューやキャンプもできるのだそう。

裏手には広い広い畑が広がり、さまざまな花や野菜が実っている。阿部商店の料理に使われる野菜は、すべてここで採れたものだそうだ。

周囲には他にも、お地蔵さんがあったり、水場があったり、農作業用具置き場があったりと、田舎を知らない僕がイメージする理想のふるさとの原風景そのもので、そこを猫たちが自由に行き来している。あぁ、なんて素敵な場所なんだろう。

阿部さんは1989年に、ここで取れた野菜の販売を始めた。すると地元のお客さんから好評で、さらに「駄菓子屋もあったらな」「軽食も食べられたらな」「お酒も飲めたらな」というリクエストに次々応えていった結果、現在の営業形態になっていったんだそう。

畳敷きの店内と隣り合うダイニングルームには、テレビもあればカラオケもある。さらにその奥には、新築ピカピカのまた別のダイニングルームがあったりする。「店舗」と「民家」の境界線がどこまでも曖昧《あいまい》なのだ。

店主の阿部さん（中央）と、お手伝いをされていた娘さん（左）、渡辺さん（右）

JINRO

メニューボードには、日替わり定食や、麺類や、季節の野菜をメインとした一品料理がリーズナブルに並ぶが、「予算いくらくらいで」と予約をしておけば、おまかせのコース料理も用意してもらえる。取材ということもあってそちらをお願いしたところ、優しい味わいの煮物に、甘い甘いプチトマトたっぷりのサラダ、小鉢の数々に、どーんと迫力満点のグラタン。そして当然のように「ご飯もどうぞ」と白メシと味噌汁が出てくる。何度でも思う。「これが里帰りってやつか」と。

言わないと延々と料理が出てきそうなので、店員さんに、「さすがにもうお腹いっぱいになりました。本当に美味《おい》しかったです！」とお伝えし、休憩がてらふらりとテラス席へ。一息ついて風を感じながら飲む焼酎の水割りがまた格別だ。

さて、そろそろ風呂を借りて、今日は早めに寝させてもらおうかな。って、ここは親戚の家じゃないんだった。

阿部商店

住所　神奈川県横浜市都筑区川向町356
電話　045・471・8519

Column 01

天国酒場をDIYする「チェアリング」

「チェアリング」という言葉がある。

このように酔狂《すいきょう》な本を読んでくれているような方ならばとっくにご存知かもしれないけれど、一応説明しておこう。チェアリングとは、折りたたみ式のアウトドアチェアを携えて街に出、ここぞと思った場所に置いて座り、酒を飲んだりぼーっとしたりして過ごす。ただそれだけの行為だ。飲み友達のライター・スズキナオさんと面白半分に始めたら、自分たちでも信じられないことに、まねをしてくれる方がどんどん増え、ついにはナオさんとの共著で『椅子さえあればどこでも酒場チェアリング入門』なんて本まで出版させてもらった。まったく、冗談みたいな世の中になったものだと思う。

持ち物を増やしすぎてキャンプやバーベキューなどのアウトドアに寄りすぎないとか、マナー問題を徹底するなど、いくつかの押さえておくべきポイントはあるんだけど、そのあたりは今まで散々記事にしてきたので、もし興味を持たれた方がいれば、念のため、僕らの書いた関連記事などをご一読ください。

ところで昨今の「コロナ禍」といわれる世の中において、どうもチェアリングに、自分

たちが想像もしていなかった、まったく新しい意味が見いだされはじめている。というのも、とにかくソーシャルディスタンスを保つことが重要であり、しばらくの間はそれがスタンダードとなりそうな状況で、チェアリングは極めて自由度と安全性が高く、かつ気軽に行える遊びのようなのだ。実際、そういった切り口の取材などが、徐々に増えはじめている。

もちろん、行う人それぞれの良識に任される部分も多いし、「外だから大勢で集まっちゃえ！」などと言いたいわけではない。ただ、ひとり、もしくは家族や友達とごく少人数で、なるべく人の密集を避けた場所を選び、お互いの距離もじゅうぶんに取って過ごせるという意味で、チェアリングはかなり今向きの遊びだというわけだ。

前置きが長くなってしまったけど、本書で紹介している「天国酒場」の定義は「日常の隣にある非日常」。そういう意味で、チェアリングとは「天国酒場を自ら作る行為」であると、以前からずっと思っていた。なんといったって、「椅子さえあればどこでも酒場」なわけだから。

例えば以前、ある雑誌の取材で、新木場《しんきば》周辺でチェアリングをしたことがある。その時は新たな試みとして、ボックス型のカートを導入した。「装備を増やしすぎない」という定義に反さないか？　という自問もあったけど、そもそも椅子を入れてゴロゴロ転がして移動するのはむしろ楽で、理にかなっているのでOKということにした。

目的地である「東京夢の島マリーナ」で、取りだした椅子に腰かけ、カートに付属のフ

タをすれば、簡易テーブルに早変わり。この時はさらに、編集部からの「より絵がおもしろくなるように」との要望から、ＵｂｅｒＥａｔｓを利用し、近くのレストランから特製ハンバーガーまで配達してもらった。椅子、テーブル、絶品のハンバーガー。こうなってくるともはや、即席天国酒場以外のなにものでもない。建物も目印もない場所から注文してしまった自分をＧＰＳで探して、きちんと商品を届けてくれた配達員さんからしたら、「なんだこいつ」ってなもんだろうけど。

東京都あきる野市にあるＪＲ武蔵五日市《むさしいつかいち》駅は、駅近くにコンビニやスーパーがあり、さらに徒歩数分で清流「秋川」の河原にたどり着くという、優雅にチェアリングするにはもってこいの街だ。

暑い季節なら、大胆に川の浅瀬に椅子をセッティングしてしまうのもおすすめ。京都の川床《かわどこ》でだってここまでの清涼感は味わえないだろう。「こんな店があったらなぁ」が、ほんのひとときだけ現実になってしまう。それがチェアリングマジック。

「葛西《かさい》臨海公園」もまた、東京23区内にあってビーチリゾート感を堪能できる素晴らしい場所。この時も雑誌の撮影で、試しに浅瀬の中州に椅子を置いてみたところ、まるで海に浮かんでいるようでとても愉快だった。

不要不急の遠出などはまだまだ控えたい昨今。だけど、近所の大きな公園や水辺、さもなくばベランダに椅子を出して座ってみるだけでも、いつもと違った良い気分で過ごせることは間違いない。手もとに缶チューハイの1本もあれば、そこは自らが作った天国酒場だ。

椅子はいつでも、僕の魂を解放してくれる。

老舗酒蔵が本気を出すと、こうも天国

東京都
青梅市

清流ガーデン
澤乃井園

「澤乃井《さわのい》」という酒がある。

創業元禄15年（1702）の老舗《しにせ》、東京都青梅《おうめ》市にある「小澤《おざわ》酒造株式会社」がつくる日本酒。ラインナップは幅広いが、全体に、仕込み水に使う奥多摩の湧水《ゆうすい》を思わせる、透きとおったうまさが特徴だ。

酒蔵はJR青梅線沢井駅から歩いてすぐの場所にあり、年間を通して無料の酒蔵見学を受けつけている。酒好きたるもの、いつもお世話になっている酒がどのように作られているかを知る貴重な体験、一度くらいは味わっておくべきだろうと、以前、申しこんで訪れた。

約1時間かけて、担当の社員さん引率のもと、ひんやりした酒蔵のなかや、仕込水が湧《わ》き出る洞窟などをゆっくりと見学して回る。工程の複雑さや仕事の丁寧さを知れば知るほど、どんどん自分のなかで、酒のありがたみが増してくる。そうやって気持ちがピークに達したところで、実際に澤乃井の試飲をさせてもらえるのだから、こんなに酒がうまいシチュエーションもそうそうない。

見学後の「きき酒処」での有料試飲もお楽しみ。オーソドックスな銘柄が1杯200円から。貴重な大吟醸酒でも500円という手頃な値段で、常時十数種の酒が試飲できる。しかも試飲に使うオリジナルのロゴ入りおちょこはおみやげとして持ち帰ってよく、さらに、このおちょこを試飲カウンターに持っていけば、2杯目からは100円引きになると

澤乃井
酒蔵見学受付
対応レジ
酒
蔵見学受付
現金のみ
対応レジ
現金のみ
対応レジ
澤乃井
澤乃井

いう大盤振る舞い。まさに酒好き天国といえよう。

ただし、この酒蔵がすごいのはそれだけじゃない。ここまででもだいぶ満喫しているけれど、さらなるお楽しみがその先に待っているのだ。それが「清流ガーデン 澤乃井園」の存在。

小澤酒造のすぐ横には多摩川が流れており、その水面を見下ろすように、屋外の休憩所が併設されている。それが澤乃井園。

実はここ、酒蔵見学をしていなくても自由に立ち寄れるスペースで、実際、ハイキングや散歩の途中にふらりと寄っていく人も多いのだとか。パラソル完備のテーブル席がたっぷりと、重厚なログハウス風の東屋《あずまや》があり、なんと軽食やみやげものの販売所が併設されている。もちろん、澤乃井も豊富に取り扱っている。つまり、あれこれ買って、ここで好きに飲み食いしていいわけだ。

そばやうどんなどの軽食の他、「モツ煮」「おでん」「板わさ」「味噌こんにゃく」「イカ焼き」などなど、もはや普通に居酒屋のつまみみたいなメニューも揃っている。販売されているおみやげをその場で開けてつまみにしてしまったって、もちろんいい。また、地味に嬉しすぎるのが、澤乃井の日本酒多数の他に、ビールも置いてくれている点。そうそう、日本酒はもちろん美味《おい》しいんだけど、ときおりビールを挟みたいタイミングというのもあ

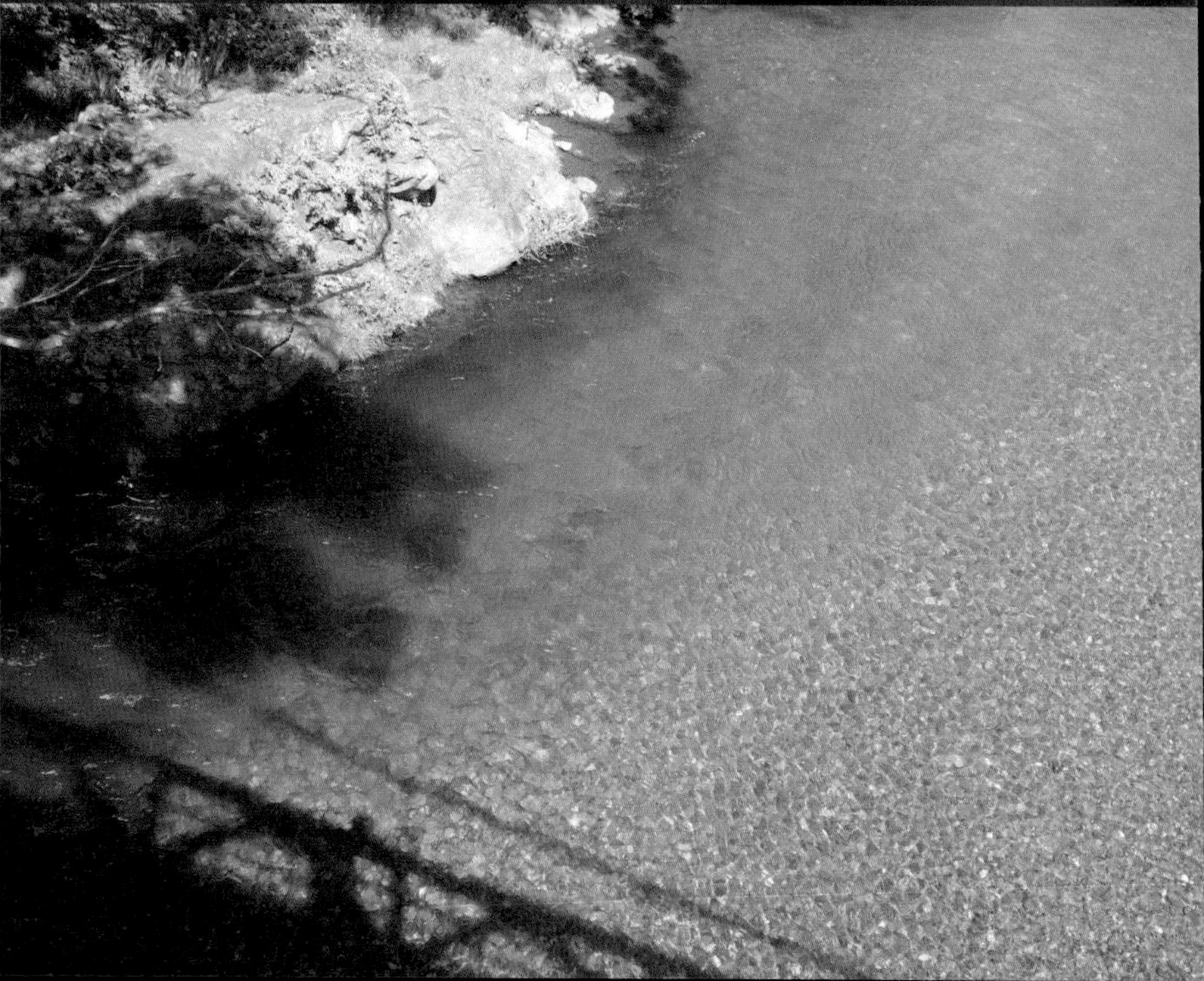

澤乃井
沢井駅入口
Sawai Sta.Ent.

る。そんな酒飲みのピンポイントな欲望をよ〜くわかってくれているところなど、さすが酒造会社としか言いようがない。

サラサラと流れる水音。木々のざわめき。蟬時雨《せみしぐれ》。それから、橋を渡って対岸にある「寒山寺《かんざんじ》」の鐘は誰でも自由についてよく、その「ゴーン……」と厳《おごそ》かな響きが、忘れた頃に耳に届くのもたまらない。そんなシチュエーションで、すぐ横の蔵で造られた酒をのんびりと飲み、ほろりと酔っぱらえる。なんと贅沢《ぜいたく》なことだろう。

小澤酒造では、酒づくりに使う仕込水で、豆腐などの商品もつくっている。この豆腐がまた絶品で、個人的には特にここの絹豆腐を初めて食べた時、あまりの美味しさに腰を抜かしそうになってしまった。行けば決まってつまみに頼むし、おみやげにも買って帰る。当然のことながら、澤乃井との相性もばっちりなんだよなぁ……。

清流ガーデン 澤乃井園
住所　東京都青梅市沢井2-770
電話　0428・78・8210

東京都
世田谷区

セルフサービスフレンチ・ルナティック

聖なる川「多摩川」を臨む、天国酒場的三つ星レストラン

天国酒場の存在を初めて認識したのは、今はなき「たぬきや」という店だった。神奈川県川崎市、JR南武線稲田堤《いなだづつみ》駅および京王稲田堤駅から徒歩数分。多摩川の広大な土手にポツンと建つ、掘っ建て小屋のような店。川茶屋というんだろうか。地元民の憩《いこ》いの場でありながら、飲み屋としてもあまりにも素晴らしく、そこでボーッと酒を飲んでいると、目の前の多摩川がいつしか三途《さんず》の川に見えてくる。まるで天国にいるようだなぁ、なんて思っていたら、自分の中に自然と「天国酒場」というジャンルが生まれていた。

前項で紹介した「澤乃井園」も、たぬきやよりずっと上流になるが、やはり多摩川沿いにある。営業情報が不確定で行けていない店も多いが、二子《ふたこ》玉川《たまがわ》に「かわや」、登戸《のぼりと》に「太田屋」と、まだまだあるらしい。多摩川は天国酒場の宝庫であり、自分にとっては「聖なる川」なのだ。

今回紹介する「セルフサービスフレンチ・ルナティック」という店もまた、多摩川沿いにある。

昨年（2019年）の6月、京阪神エルマガジン社から発売された『景色のいい店 東京』というムック本に、数ページの原稿を寄稿させてもらった。テーマはもちろん「天国酒場」。とはいえ、本自体の内容は純粋に景色のいい店、つまり、ビルの高層階にあるレストランとか、広々とした公園にある近代的なカフェとかを多く紹介するもので、僕が考える天国酒場とはまた切り口が違う。しかしながらそのなかで、「こ、これはまさしく天国酒場！」と強烈に興味を惹《ひ》かれたのが、セルフサービスフレンチ・ルナティックだった。

店は二子玉川駅から徒歩10分ほどの川沿いにある。二子玉川と聞くとハイソで都会的なイメージがあるかもしれないが、それは再開発された駅前エリアに限ったことで、駅から2、3分の場所にある多摩川沿いには驚くほど牧歌的な風景が広がり、そんなギャップがおもしろい街だなぁと思う。

そういえば以前、お仕事をご一緒したミュージシャンのかせきさいだぁさんが、「二子玉川からちょっと歩いたところに、海賊のアジトみたいなお店があるよ。あそこ、パリッコさん絶対好きだと思う」と言っていて、ずっと気になっていた。いつか探しに行かなきゃと思っていた。ここのことで間違いないだろう……。それにしても「海賊のアジト」とはまた絶妙な表現だ。

店内は入り組んでいて、1階にメインの室内席とテラス席がある。系列店と思われる「BBQ&カキ小屋 ゲッコ」という店も同じ建物に入っていて、2階の室内席とテラス席がある。とても言葉で説明しただけでは想像できないだろうが、そのカオスな感じにとにかくワクワクさせられる。

セルフサービスフレンチ・ルナティックのおもしろさはそれだけではない。そもそもここは何屋なんだ？　という話をまだしていなかったけれど、その名のとおり、セルフサービスの「フランス料理店」なのだ。しかも「食券制」の。混乱は増すばかりだが、フレンチを愛するオーナーが「本物のフランス料理を多くの人に日常的に食べてもらいたい！」という想いのもと、このような形態の店を作りあげてしまったのだそう。

具体的なシステムとしては、まず店内どこでも好きな場所に席を確保し、券売機で食券を買ってカウンターに提出。料理ができたら呼び出しがかかるので、受け取りに行き、食べ終わったら食器類を自分で片づける、という感じ。やっていることは立ち食いそば屋と同じなのに、食べているのはフレンチ。最高だ。

お得なランチメニューを例にあげると、「ロブスターのロースト」「ブイヤベース」「鮮魚のパン粉焼き」「牛フィレのステーキフォアグラのせ」「仔羊の香草バター焼き」「牛タンの煮込み ビーツソース」の6種類が１５００円。「牛ハラミのステーキ ディアブルソース」が１０９１円。本気の日常価格だ。もちろん単品料理もアルコールも豊富にあって、ワインケースに詰め込まれて並ぶ多種のワインが、どれでも1本２３６４円というのも嬉しい（すべて税抜き価格）。

そして肝心の料理、これがもう、目頭がジーンと熱くなるような美味《おい》しさの、正真正銘本格フレンチ。価格は手頃すぎるけれど、これはやっぱり非日常的絶品料理。しかも忘れ

いらっしゃいませ！
「フランス料理を日常に！」
と考え
お客様のセルフサービスにより
人件費を削減し
高級食材を贅沢に使用した
フランス料理を魅力的な価格で
提供いたします。
当店のコンセプトをご理解頂き、
セルフサービスにご協力ください。
「チケットとお料理を交換」
ご飲食
お片づけ

てはいけないのが、それをこんな非日常空間で食べられるということだ。

　この店が大好きだという、人気サイト「デイリーポータルZ」のウェブマスター林雄司さんお気に入りのメニューが「あさりのワイン蒸し」。いわく、「残った汁を水筒に入れて持って帰りたいくらいうまい」そうだが、実際に食べてみると、もう本当にそのとおりの、濃厚な美味しさ！

　あいにく水筒は持っていなかったので、皿がツルツルになるまでパンでぬぐいきり、それをつまみに黒ビールを飲む、それはそれは夢のような時間を過ごさせてもらった。

　それにしても、次々と予想もしないような名店と出会える多摩川の、そして天国酒場の懐《ふところ》、あまりにも深い……。

セルフサービスフレンチ・ルナティック
住所　東京都世田谷区玉川1-1-4
電話　03・3708・1118

東京都
練馬区

マサラ豊島園店

日常、インド、遊園地、三つの境目が交差する

2020年8月をもって閉園してしまった「としまえん」は、西武池袋線沿線出身者である僕にとって、特になじみ深い遊園地だった。

よく豊島区にあると勘違いされがちだが練馬区にあって、室町時代に築城された「練馬城」の城址を中心に造園され、そこを治めていた豊島氏に由来して名づけられた。

子供時代なら、ジープ型のカートに乗って薄暗い館内をめぐる「アフリカ館」のトラウマ。中学時代、卒業間近に友達と連れだって遊びに行ったのもいい思い出だし、成人式の会場もここだった。

それから年月を経ていい大人になってもまだ、としまえんは自分にとっていちばん身近な遊園地だった。園内にあるメリーゴーラウンド「カルーセルエルドラド」は、1907年にドイツで作られ、その後ここに移転された100年以上の歴史を誇る施設で、その文化的価値から、日本機械学会により「機械遺産」にも認定されている。毎年夏に開催されるビアガーデンでは、そんな貴重な機械遺産の目の前でフラダンスショーを眺めながらという、なんとも現実離れしたシチュエーションで酒が飲めて、もはや園自体が天国酒場と化していた。

が、今回紹介したいのは、「マサラ」というインドカレー屋。

写真を見て、「遊園地のなかにある飲食店なら、そりゃ〜どこもこんな感じっしょ。天

国酒場っていうのはずるくない?」とお思いの方がいらっしゃるかもしれないが、いったん落ち着いて聞いてほしい。実はこの店があるのは、としまえんの入場門の目の前。園の外側なのだ。

遊園地というのは、ゲートを一歩くぐれば非日常の世界。しかしここはゲートの外。理論上は日常の範疇《はんちゅう》のはずなんだけど、とてもそうは思えない、いわば〝境目〟。まさに、日常の隣にある非日常「天国酒場」と呼ぶにふさわしいと、僕は思う。

木造の店内の味わい深い雰囲気も良ければ、周囲に囲いのない開放的なテラス席ののんびり感もいい。しかも入り口に「生ビールセット 中生+枝豆」

インドカレー専門
マサラ
インドカレーマサラ
生ビール
¥399
いらっしゃいませ
営業中
OPEN

なんて看板が出してあって、しっかりと飲める店なのが嬉しすぎる。

本場のコックが腕をふるうインド料理が、どれも本当にうまい。このシチュエーションでつまみがすべてエスニックというのがまた、今自分のいる状況の可笑《おか》しさに拍車がかかって楽しいんだよな。

酒も料理もお手頃価格で、しっかりと飲める店。ここで木漏れ日《こもれび》を浴びながらだらっと飲んで酔っぱらってくると、そのゆる～い空気感ゆえ、まるで自分が本当にインドにいるような気分になってくる。

あ～気持ちいいな～……そろそろお会計をしようかな～。なんて、ふと視線を上げると、目の前にどーんと遊園地。このふわふわとした感じ。なんとも形容しがたい非日常感が味わえる、貴重な天国酒場だ。

……いや、「だった」というのが正確か。残念なことにこの店も、としまえんに合わせて閉店してしまった。としまえんの跡地が別の施設として整備され、開園するのは2023年の予定。それまでは人出が大幅に減ることが予想されるからしかたないことなのだろうけど、なんとも寂しいばかりだ。

東京都
台東区

東照宮第一売店

日本屈指の観光スポット「上野公園」にも天国酒場はあった

これまでに登場した「武蔵野園」や「井泉亭」など、大きな公園のなかには天国酒場がありがちだ。そして日本を代表する大きな公園といえば、東京都台東区にある「上野公園」、正式名称「上野恩賜公園」じゃないだろうか。

博物館や動物園など、多くの文化施設が存在し、海外からの観光客も多い、日本屈指の観光地。ゆえに園内の近代化も進み、例えば、レトロな味わいのあった「上野こども遊園地」という昔ながらの小さな施設も、数年前「動物園の魅力を高めることを目的とした、正門前広場の整備工事の支障になる」というなんとも腑《ふ》に落ちない理由で閉園になってしまった。

ではそんな上野公園に、昔ながらの売店や茶店のような「天国酒場」がまだ残っているのかというと、これがあるのだ。園内にある寛永4年（1627）創建の神社「上野東照宮《とうしょうぐう》」へと続く参道の入り口横にちょこんと存在する、レトロ感満載の売店「東照宮第一売店」。

創業から60年を超える老舗《しにせ》で、かつて園内には、同じような売店が数十軒もあったそうだが、現在はこの東照宮第一売店を残すのみ。時代の流れを感じざるをえない。

一見、単なる売店のようにも見えるが、食事もすることができて、店内は想像以上に広々としている。

焼うどん ¥500
焼そば ¥450
品物と引換にお願いします。
珈琲
ところ天
御支払いは現金引替でお願い致します
ざるそば
焼そば
ラーメン
親子丼
ところ天
甘酒
炭焼珈琲
紅茶
ホットミルク
清酒
中ビール
缶ビール
ラムネ
コカコーラ

LAGER BE

メニューは、ラーメン、おでん、カレーライスにそばうどんといったオーソドックスなところがメイン。が、肉まんやピザまん、焼鳥、ところ天など、よくよく見ていくと、いいつまみになりそうな単品も意外にあって、今日はどう飲むかと考えるのが楽しい。酒は、缶ビール、瓶ビール、コップ酒、ワンカップという潔《いさぎよ》いラインナップ。もちろん日本酒はお燗《かん》してもらうこともできる。

また、この店ならではのメニューといえば、「カレーそうめん」。「名は体を表す」の極致というか、ゆでたそうめんにカレーソースがかけてあるだけというごくシンプルなもので、全体をよ～く混ぜて食べる。カレーライスは大好物だけど、酒のつまみ

というよりはガツガツとかっこむ食事。ところがこのカレーそうめんは、ちびちびとつまみにするのに大変具合がいいのだ。

できあいのものもあるが、ご飯ものなどは注文が入ると、厨房で調理。カシャカシャとフライパンを振る音とともにソース焼きそばの香ばしい香りなんかが漂ってくると、「あぁ、そっちも良かったな」なんて思う。

家族経営で、小上がりの座敷ではお孫さんが遊んでいたりする。東照宮第一売店は、このような立地にあって、街に古くからある定食屋となんら変わらない、奇跡のような店なのだ。そういう店だからもちろん、酔っぱらっての入店や、長っちりでやたらと酒の杯を重ねるようなことは避け、サクッと粋《いき》に楽しみたい。

東照宮第一売店

住所　東京都台東区上野公園9-86

Column 02

山上の茶屋を求めてハシゴ酒

日本全国の山の頂上や、中腹でも景色の良い場所などには、登山者たちが休憩したり食事をとったりするための「〇〇茶屋」なんて店が無数に存在する。

どこも空気や景色が良いのは大前提で、軽食があれこれあって、酒類を置いていることも珍しくない。疲れ果ててたどりついた山茶屋で、地上でなら珍しくもないのかもしれない「肉うどん」かなんかをつまみに、よく冷えた缶ビールを飲む。空腹と究極の非日常感が最上の隠し味となり、きっとこれ以上に食べ物や酒がうまいと思えるシチュエーションはそうそうないんじゃないだろうか。

となると、山こそが天国酒場のメッカであるともいえるのかもしれない。ただし、僕は根性のない酒飲みだ。そういうシチュエーションには、どうにかショートカットして楽にたどりつきたい。それに、僕が勝手に決めた天国酒場の定義のひとつに、「有名な観光地や景勝地ではない」というものがある。天国酒場とはあくまで、日常生活の範囲内、もしくはそう遠くない場所に、ポツンと突然存在してくれることが望ましいのだ。例えば本書で紹介している神戸の「おんたき茶屋」は、駅から徒歩十数分でたどりつくという手軽さから、天国酒場であると判断した。だから、すべての山茶屋が天国酒場であるかというと、そうではないということになる。

ただ、山茶屋の素晴らしさについては疑いようがない。今回は、有名すぎる登山スポットなので、厳密に「天国酒場である」とは言えないけれど、都内からでも気軽に行けて、ルートもそこまでハードではなく、それでいて、山の上で茶屋をハシゴまでできてしまうという、「高尾山《たかおさん》」エリアの魅力について書いてみたい。

高尾山の入り口、高尾山口駅までは、新宿から京王線で1時間弱。そこからケーブルカーで中腹まで登ったら、いよいよその先は山歩きとなるが、なだらかなルートを選べば、気軽なハイキング気分で、大人の足で40～50分もあれば山頂に着いてしまう。山頂付近には多数の茶屋が建ち並び、いきなりここでハシゴ酒をすることも可能。ただ、観光のハイシーズンともなるとものすごい人出となり、思わず「渋谷か！」と突っ込んだこともあるほどだけど。

以前、スズキナオさんに「おすすめの茶屋がある」と教わり、山頂からさらに奥高尾と呼ばれる方面に向かって山歩きをしながら、ハシゴ酒をしたことがある。

高尾山頂から歩き出すと、さっきまでの混雑が嘘のように静かな山道となる。10分も歩けばたどりつくのが、もみじ台「細田屋」。アクセスのしやすさと穴場感のバランスがもっともちょうどいい茶屋かもしれない。可愛らしい佇《たたず》まいのこの店で、山の空気をたっぷりと味わいながら食べる「冷やしとろろそば」と缶チューハイの組み合わせは、いきなりの天国以外のなにものでもなかった。

が、ナオさんの真の目的地はさらに奥にあるという。そこから、けっこうアップダウンの激しい山道を黙々と歩くこと約40分。これ、酒を飲んだあと、また歩いて引き返すんだよな……と不安になりはじめたところに現れるのが、城山《しろやま》山頂の「城山茶屋」だ。

　建物も立派で、店員さんも多く、活気あふれる店。広々としたテーブルとベンチがたくさんあり、のんびりと自由気ままに過ごせる。何より、店頭で目《ま》のあたりにした酒類のメニューの豊富さは、山歩きでヘトヘトになった僕を圧倒するものだった。まさに、天国。

ここの「なめこ汁」が、見た目は透明なのに、未体験のとろみと旨味《うまみ》で、それが全身に染みわたって疲れた体を癒《いや》してくれる。すかさずよく冷えたビールを飲む。ここまでの苦労が完全に報われた瞬間だ。

　城山茶屋には信じられないことに、僕もよくコンビニなどで買ってお世話になっている、ミニサイズのプラカップ焼酎まである。さらに、氷やグラスまで借りることができる。となれば、そうだ、山頂でキンキンのウーロンハイを飲んでやろう！

　そうしてはるか遠く下界の景色を眺めながら飲んだウーロンハイは、僕の飲酒史に確実に刻まれる一杯となった。

　そういえば僕は常々、「料理の美味《おい》しさなんて、周囲の環境や自分の気分によっていくらでも変わる」と思っている。この日、城山茶屋で食べたごく普通の「カップヌードル」が、その年に自分が食べたもののなかでいちばん美味しかったという事実が、その思いをさらに強固なものにした。

しばしこの天国を堪能したら、また同じ道を戻って帰る。さすがに余力を残すため控えめに飲んでいたから、なんとかなった。高尾山頂を過ぎてケーブルカーの高尾山駅までたどりついてしまえば、もはや怖いものは終電（というか「終ケーブルカー」か。時間はかなり早め）だけだ。

実は高尾山駅付近にも飲める店はいくつかあって、夏季に営業する「高尾山ビアマウント」は特に有名だろう。が、まったく遜色《そんしょく》のない展望を誇りつつ、ちょっと一杯と気軽に寄れる、「十一丁目茶屋」は、より今日の我々のモードに近い。ここを本日の山上ハシゴ酒、締めの店と決めよう。山々の稜線と、その先に東京の街方面の景色を臨む、空中に浮かぶようなカウンター。ここで飲むためだけに高尾山に来たっていいとすら思える。

こんなにいい思いをしてしまうと、いよいよ自分も本格的に山登りを始めてみたいな、なんて思ってしまうのは当然。だけどひとたび下界に降りれば、根性のない酒飲みである僕は、やっぱりどうにか途中の苦労をショートカットして天国感を味わえる酒場はないかな？　と、再び怠惰《たいだ》な思考に支配されてしまうのだった。

年に1回、いやせめて2回くらいは、山上の天国を求めてまた、山に登ってみようかな。

埼玉県
飯能市

奥武蔵美晴休憩所

駅徒歩0分でたどり着く、心やすらぐ休憩所

以前、西武線に乗って秩父《ちちぶ》へ行く途中、停車中の「吾野《あがの》」という駅の目の前に、気になる店を発見した。

吾野駅は、「橋本屋」（8ページ参照）がある飯能《はんのう》駅で、西武秩父線に乗り換え、埼玉のさらに奥地へと進んでいって、西武秩父の五つ手前。駅前にコンビニなどあろうはずもなく、この奥武蔵美晴《おくむさしみはらし》休憩所だけが営業している。次ページの外観写真に写る手前の屋根らしきものが、駅舎のひさし。そう説明すれば、この店がどれほど駅近にあるのかわかってもらえるだろう。

その日は別の用事で秩父へ向かっていたわけで、後日、僕はあらためて、ネット上にもあまり情報のない奥武蔵美晴休憩所がどんな店かを確かめるため、吾野へと向かった。

ワクワク感で高鳴る胸をおさえつつ吾野駅に到着。改札を出れば、そこはもう店の入り口。「やっぱりいい佇《たたず》まいだな……」と、外観をじっくり堪能したら、店内へ向かう。そこに広がっていたのは、あまりにも味わい深い、懐かしの大衆食堂的風景だった。

奥武蔵美晴休憩所は、明るく世話好きの女将《おかみ》さんがおひとりでやられている店だった。

メニューは、肉うどん／そば、山菜うどん／そばなどが数種と、瓶ビールなど。おみやげコーナーには漬物などの特産品、売店スペースには缶ビールやスナック菓子も売られている。

　店内のそこここに、「レトロ」という言葉で片づけるのが申し訳ないほど味のある看板やグッズがあふれていて、じっくりと見ていたら時間がいくらあっても足りないほどだ。

　初めて訪れたのは夏だった。秩父の手前とはいえ自分は沿線住民だし、近所を散歩するくらいの感覚でサンダルばきで行ったら、女将さんにたいそう驚かれた。

「お兄ちゃん、そんなかっこうで来たの？　ダメよ、このへんの山はヘビだって出るんだし！」

　どうやらここを利用するのは、近隣住民か山登りのついでに寄る客がほとんどで、一見《いちげん》の僕は後者だと思われたらしい。僕だって、もしも逆の立場だったとしたら、こんなところまで酒だけを飲みにくる、文字通り酔狂《すいきょう》なやつがいるなんて想像しないだろう。それをきっかけに、自分の趣味や仕事に興味を持ってもらったようで、あれこれ世間話をさせてもらった。

創業から50年以上。かつてはこのあたりも人出が多くにぎやかで、お店も忙しかったそうだが、ここ最近は不況で、毎日のようにお昼を食べにやってくる地元の常連さんのために開けているようなものだそう。

出してもらったお茶を飲んだら、爽《さわ》やかな香りと深い甘みを感じて、驚くほど美味《おい》しい。お茶が美味しくてびっくりするなんて経験は生まれて初めてだったので、女将さんに「美味しいですね」と伝えると、なんと窓の外に見える茶畑で、一家で栽培しているものだそう。商売でやっているお茶の農家は、年に2、3回と収穫するものだが、こちらではいちばん美味しい時期に1回だけ摘むという贅沢《ぜいたく》な作りかたをしていて、お茶作りの作業は本当に大変なんだけど、せっかくの畑を絶やさないように続けられているとのことだった。この絶品のお茶は購入することもでき、もちろん僕もおみやげに買って帰った。

それからも何度か通った。冬場に、「寒いからこっちに入りなさい」と入れてもらった、通常女将さんが過ごされているスペースの、専用のテーブルに収まるストーブとやかんがまたいい。

KIRIN
LAGER BEER

MR. BEAR'S DREAM
Since 1983

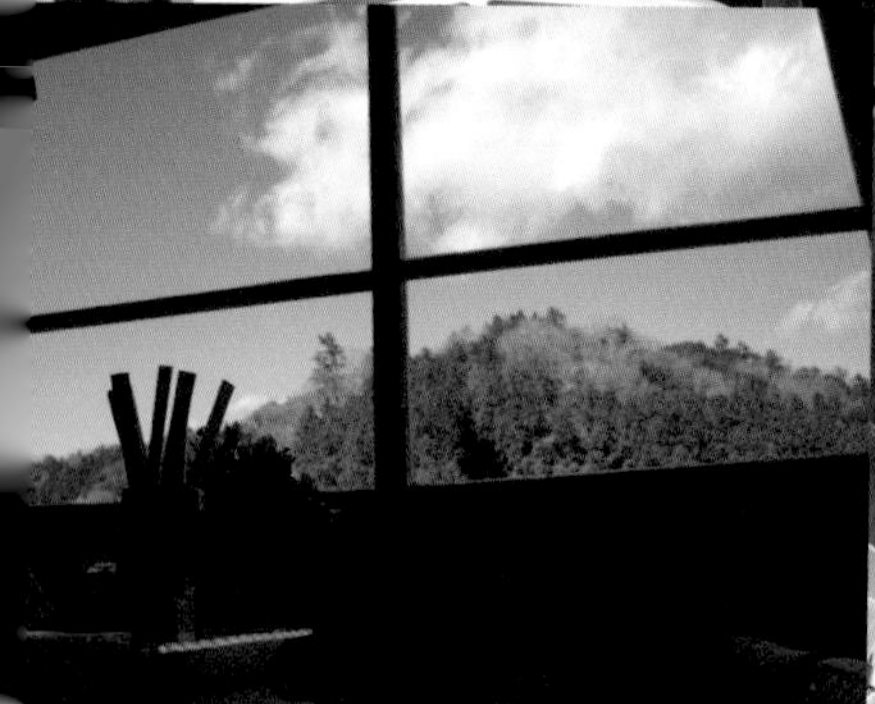

スカッと
さわやか
コカ・コーラ
美晴
DRINK
Coca-Cola
山菜うどん¥
山菜そば¥
肉うどん¥
きつねうどん¥
肉そば
ところてん
月見そば¥
きつねそば¥
ビール¥
コカ・コーラ¥
ファンタ¥
※ 現金引換にてお願い

そばもうどんも、決して派手さがあるわけではない素朴なものだが、それが最高にこの空間とマッチする。温かいつゆの味がじんわりと体に染みたところに、冷たいビール。その至福を味わっていると、西武線の白い車体が窓の外を通り過ぎていったりする。

ある時は、サービスでふきのとうの天ぷらを出してもらった。女将さんが近所で手摘みされたんだそうで、ほろ苦くて青臭く、日向《ひなた》の香りを感じるような絶品で、確か1月末だったか、その年初めて春を感じた瞬間だった。

店に行くたび、「このお店を紹介する記事を書かせてもらいたい」と何気なくお願いすると、「うちは酒場じゃなくて休憩所だからね。それに、あんまり宣伝したくないのよ。めんどくさいからさ!」と、笑いながら断られてしまっていた。が、先日ついに「じゃあ、どうぞ好きに書いて」と言ってもらうことができた。そういうお店なので、興味を持たれた方はぜひ、節度とお店への配慮を忘れずに、訪れ、楽しんでください（どこの店でもそうだけど）。

静岡県 三島市

dilettante cafe

清らかな小川に浮かぶ
ワインカフェ

どうやらこの世には、「天国酒場」としか形容のできない店が少なからず存在するらしい。そんな確信を持った数年前から、偶然の出会いとは別に、インターネットを使って、他にもそんな店がないかを積極的に探すようになった。

探しかたは例えば、「今日はこの川だ」と狙いを定め、Googleマップを3D表示にし、下流から上流に向かってひたすらさかのぼってゆく。角度を変えながら執拗《しつよう》に。川沿いに飲食店があれば詳細をチェック。河川敷に正体不明の建造物があれば、ストリートビューなどを駆使し、そこが酒の飲める飲食店ではないかを確認する。グルメサイトにキーワードを入れて評価の高い店を探すのとは対極にある、自分でもたまに「おれは一体何をしてるんだろう……」という気持ちになる地道な作業だ。もう少し現実味のある方法だと、「川沿い　居酒屋　景色」など、思いつく限りのキーワードを入れて検索しまくるというのもあるが、どちらにせよそう簡単に良き天国酒場が見つかるものではない。だからこそ、「＃dilettante cafe」（ディレッタント カフェ）の情報を初めて目にした時は、それは興奮したものだ。

静岡県三島《みしま》市は、左右を海辺の街である熱海《あたみ》と沼津《ぬまづ》に挟まれるようにある、伊豆半島の中北端に位置する街だ。熱海と沼津には行ったことがあったけど、面目ない話、それまで三島に興味を持ったことがなかった。そんな街に、まるで僕が夢想する天国酒場をそのま

AOC Touraine

ま具現化したような飲食店があるという情報を見かけたのだ。僕はたまらず、三島へと向かった。

三島駅へは、品川駅から新幹線ひかり号に乗ればなんと35分。東京からじゅうぶんに日帰りできる距離にあり、僕はそんなことすらも知らなかった。さらに驚いたのは、降り立った三島の街の素晴らしさだ。

春先のよく晴れた日だった。駅を出てふらりと散策してみると、街なかのいたるところに、富士の雪解け水を水源とする清らかな小川が流れている。さらには、多くの川沿いに散策路が整備され、まるで水面の上を歩いてゆくような感覚で、あちこち自在に探検することができる。天国酒場ならぬ「天国都市」。僕は、東京からそう遠くない場所にこんなにも美しい街があったのかと、猛烈に感動した。

そんな美しいせせらぎのひとつ「源兵衛川《げんべえがわ》」に浮かぶ飛び石を、子供のようにぴょんぴょんと渡っていくと、とある橋の先の光のなかに、まるで絵本から飛び出してきたかのような可愛らしいレストラン「＃dilettante cafe」はあった。

小川にせりだすようにウッドデッキがあり、そこがテラス席になっている。店沿いの川の中にベンチがひとつあり、座れば足が水に浸るような位置だ。店内はどうなっているんだろう？　期待に胸を膨らませつつ入店すると、これまたおとぎ話に登場するような胸躍る空間に圧倒されてしまった。

オープンは２００４年。内装はもちろん、家具や細かなアイテムひとつひとつのチョイスから配置にいたるまで、オーナーの四宮《しのみや》さんが手がけたこだわりの店。あまりにも素敵なテラスも、もとは壁だった場所を、せっかくの立地を生かしたいと改装したのだそう。それを聞いて僕はまた大感動してしまった。

そう！　すべての川沿いにある飲食店は、その立地がまずものすごいアドバンテージであるということを自覚してほしい。先述の３Ｄマップ検索をしていても、せっかく水辺にあるのに、そちら側を普通の壁にしてしまっている店のなんと多いことか。僕はこう思っている。すべての川沿いの店は、水辺側にテラス席を作るべきだと！……まぁ、この意見が単なる変わり者の戯言《ざれごと》だということは自覚している。改装費や安全面の問題などもいろいろあるだろう。けれども四宮さんは、ご自身の店の立地を魅力のひとつと考え、こんなにも素敵な空間を作りあげてしまった。ブラボーと言わずにいられるだろうか。

季節ごとに変化する三島野菜と、お隣、沼津港で直接買いつける新鮮な魚介類、県内産の肉など、食材にも恵まれる三島市。それらを使った、シンプルながらも豊かな料理が店のモットー。目の前に届けば感激してしまうようなとりどりの美しい品が揃うが、決して高くはない。例えばランチなら、前菜、主菜、サラダ、ドリンクがついて２２００円。しかも選べるドリンクの中に、グラスワイン、ハーフビール、自家製サングリアなどのアルコールメニューまでラインナップされている。何度でも言おう。ブラボー！　と。

同じ建物の3階には、２０１2年「waltz.」というワインカフェ兼ギャラリーもオープンした。＃dilettante cafeで食事をしたあとは、waltz.に移動し、窓から見事な富士山を眺めながら、デザートやチーズとワインを楽しむなんてこともできる。

つくづく、もしも近所に住んでいたらなぁ、と思わされる店だ。

#dilettante cafe
住所　静岡県三島市緑町1-1
電話　055・972・3572

東京都
練馬区

伊勢屋鈴木商店

自由な時間を過ごせる
地元民憩いの角打ち

実家のある西武池袋線の大泉学園《おおいずみ》駅から、現在の妻と暮らしはじめるため、石神井《しゃくじい》公園に引っ越してきたのは十数年前。隣駅ながらもまったく雰囲気の違う街並みが物珍しく、毎日毎日ふたりであちこち歩き回った。駅前再開発の早かった大泉に比べ、石神井には昔ながらの商店街や飲食店がまだまだ残っており、それが僕にはすごく楽しかった。いまやすっかり近代的に生まれ変わってしまった駅周辺だが、それでもその周囲の個人商店はけっこう生き残っていて、特に昔ながらの食堂、「ほかり食堂」と「辰巳軒《たつみけん》」は、石神井の二大酒場遺産といえるんじゃないだろうか。

なかでもメイン通りといえるのが、南口から公園方面へと続く商店街「パークロード石神井」。そこに「伊勢屋鈴木《いせやすずき》商店」という1軒の酒屋があって、何を隠そう、ここが僕の心のホーム酒場であり、同時に「天国酒場」でもあるという、地元にあって心から良かったと感謝したくなる店なのだ。

見つけたのは引っ越しをしてまもない頃。一見街によくある昔ながらの酒屋なんだけど、広い軒先《のきさき》があり、そこに丸テーブルとベンチが置かれている。気になって前を通るたび様子をチェックするようになると、必ずといっていいほど常連と思しき人たちが楽しそうに飲んでいる。いわゆる角打《かくう》ちというやつなんだろうが、ちょっと雰囲気が違う。開放的で、老若男女入り乱れ、まるで気心のしれた友人たちが集まって飲んでいるような明るさがあ

る。しかしそれゆえ、さらに、今よりも酒場経験がずっと浅かったこともあり、ちょっと入るまでに勇気がいった。それでも気になりだしてから数ヶ月後、偶然人の少ないタイミングを見つけ、入店。女将《おかみ》さんに、「ここで飲んでも大丈夫ですか?」と聞くと、無事迎え入れてもらうことができた。

　そこは、寡黙《かもく》なご主人と、美人で博識な女将のあけみさんが営む小さな酒屋。あけみさんはお酒を飲まれないそうだが、それが信じられないほど、酒や食材に対する知識と愛情にあふれた人で、訪れるたびに興味深い話を聞かせてもらえる。練馬産のブルーベリーを使った「ネリマーレンブルーベリーブロイ」や、海外から樽で仕入れる季節ごとの生ビールなど、いつ行っても他ではそうそうお目にかかれないような絶品の酒と出会うことができる。もちろん、店内の商品を購入してリーズナブルに楽しんでもいいし、常連さんたちは好き勝手におすそわけのつまみを持ちこんだりしているから、ご相伴《しょうばん》に預かることもあれば、自分が持っていくこともある。

店頭にはあけみさんが大切に育てられている植物の緑があふれ、それが影になって夏でも過ごしやすい。冬は石油ストーブにあたりつつ、その上に煮込みの鍋が乗っているなんてこともある。

以前、酒飲みの大先輩、漫画家のラズウェル細木《ほそき》先生とここを訪れた時、ラズ先生が、知り合いからもらったという氷見《ひみ》の干物を持っていた。「これ、炙《あぶ》って食べられたら最高ですね～」なんて話していたら、あけみさんは「どうぞ」と、さっとコンロと焼き網を持ってきてくれ、その干物に合いそうな日本酒についてまで、あれこれ指南してくれるのだった。こんな自由な角打ちがそうそうあるだろうか。思わず「どうです？ ラズ先生」なんて、地元民として勝手に誇らしい気持ちになったものだ。

天気のいい週末に家族で駅前まで買い物に出れば、帰り道にちょっと一杯がてらの絶好の休憩スポットになる。また、目と鼻の先に「豊宏湯《とよひろゆ》」という、地下水を薪《まき》で沸《わ》かす銭湯がある。ちょっと早めの夕方に仕事が落ち着いた日、その熱～い湯であったたまっておいて、

ここで知り合った友人の料理人が突然持ちこみ蒸しはじめた「香箱蟹」。

世界最高賞
受賞
love

間髪入れずここで生ビール。なんてこともできて、その至福といったら筆舌《ひつぜつ》につくしがたい。

ある夜、仕事帰りに立ち寄ると、ウクレレを練習中だという女性ふたり組が先客にいた。角打ちで飲みながらウクレレ練習というのも粋《いき》だが、彼女たちが控えめに爪弾《つまび》く「イージュー☆ライダー」を聴きながら飲んでいたら、あまりにも良くて、ポロンポロンという音とともに、自分まで夜の空気に溶けてしまいそうになった。

そして、あらためて思うのだった。「石神井って、いい街だなぁ……」と。

伊勢屋鈴木商店
住所　東京都練馬区石神井町3-17-12
電話　03・3996・0084

兵庫県
神戸市

須磨浦山上遊園
喫茶コスモス

神戸の街や淡路島を見下ろす
絶景の回転喫茶

いつの頃からか、「須磨《すま》」という地名に、ぼんやりとしたあこがれのような感情を持っていた。詳しく知っているわけではないけれど、関西の人々が、海水浴やレジャーに出かける街。関東でいう、伊豆や熱海《あたみ》のような土地なのかなと。とはいえ、自分の人生に縁が生じるとは想像したこともなかった。そんな須磨の街に、先日行ってきた。はっきり言って最高だった。

数年前、飲み友達のライター・スズキナオさんが大阪に引越し、関西を訪れる機会が増えた。初めはナオさんの地元の飲み屋街、天満《てんま》あたりで大阪酒場のディープさの洗礼を受け、徐々に京都や神戸にも興味と行動の範囲を広げるようになった。そしてつい先日、ついにここまできたかという感じでたどりついたのが、須磨。きっかけはまさにこの連載で、ナオさんに「須磨にも良い天国酒場がありますよ」と教えてもらい、連れていってもらったというわけだ。目指すのは、「須磨浦山上遊園《すまうらさんじょう》」という場所にある「コスモス」という店らしい。僕はどこに酒を飲みにいくのにもあまり下調べはしないほうだし、何よりナオさんのことは全面的に信頼している。なので、とにかくついていった。

午前中に大阪駅で待ち合わせ、JR線を乗りつぐこと約40分ほどで、兵庫県神戸市「須磨駅」に到着。そこでいきなり感動。なんというか、駅前がもはや「ビーチ」なのだ。それも、とびっきり美しい白浜とエメラルドグリーンの。僕の知る限り、関東地方にここまであからさまなシチュエーションの駅はない。予定としてはそこから「山陽電車」に乗りかえ、「須磨浦公園駅」に向かわなければいけなかったんだけど、たまらず駅のコンビニで缶チューハイを1缶ずつ買い、ビーチで飲んだ。

落ち着いたところで須磨浦公園駅に向かう。のんびりとした、いかにも海辺の街といった空気感がたまらない。駅の背後には「鉢伏山《はちぶせやま》」がそびえ立ち、その一帯が「須磨浦山上遊園」というアミューズメントエリアになっている。往復のロープウェイ券を購入し、いざ出発。

急勾配《こうばい》のロープウェイがぐんぐん進む。さらに乗り継ぐ「カーレーター」という、ふたり乗りのリフトのようなゴンドラのような不思議な乗りものがガタガタと大げさすぎるくらいに揺れ、思わず笑ってしまう。なんてことをしていると、あっという間に海抜246mの山上に到着した。

観光リフト、ミニカーランド、サイクルモノレール、ふんすいランドと、昔ながらのアミューズメント施設が点在している。僕など、その昭和っぽい響きの時点で大興奮してしまうわけだけど、今日目指すのは「回転展望閣」という建物。それは、カーレーターの降り場からすぐの場所にあった。

僕は現在42歳。ふりかえってみればあっという間だったけど、まだ昭和まっただなか

さつき
コスモス
UCC

500ml

だった子供時代、つまりはるか三十数年前は、家族で観光地へ旅行に行くとなれば、どこもだいたいこんな雰囲気だったような気がする。胸をしめつけられるようなノスタルジー。今や貴重な、この手の施設が現役であることのありがたさ。

建物は3階建てで、1階は無料の休憩スペースになっている。2階はゲームコーナーで、なんとテーブル筐体《きょうたい》のインベーダーゲームまである。個人的には、古い「電車でGO！」の画面に映された3Dポリゴンの風景と、そのすぐうしろに広がる絶景との対比が、冗談みたいで印象深かった。

我々が目指す喫茶「コスモス」は、3階にある。

店内には、シャ乱Q、ウルフルズ、X JAPAN、小室《こむろ》ファミリーなど、90年代のヒット曲が延々と流れている。自分が最も多感だった頃に流行《はや》っていた音楽と、この光景。はっきり言って、完全に死後の世界だ。

レジカウンターにてキャッシュオンの酒とつまみを調達。僕は缶ビールとチキンナゲットにした。それを持って好きな席に着く。することはたったそれだけ。

そしてそう、「回転展望閣」というからには、回転要素だ。実はこのコスモスという店、フロアが円形になっていて、全体がゆっくりゆっくり回転している。

「回転展望」スタイルのレストランは、日本では1960年代以降、数多く作られたそう

だ。が、現在は全国にも数軒しか残っていない貴重な存在。代表的なところでいうと、有楽町駅前の「銀座スカイラウンジ」などがある。

つまりだ。このただでさえ天国みたいな目の前の風景が、座っているだけでどんどん移り変わってゆくということ。

徐々にほろ酔いへと移行する心地よさのなか、ゆっくりゆっくりと変化してゆく絶景。ふと気づけば響き渡っていた、安室奈美恵《あむろなみえ》の「CAN YOU CELEBRATE?」。さすがにこの時は自分でも「あれ、おれ、召された?」と思ってしまった。

酒類は出しているけど、あくまで喫茶店。ロング缶のビールをゆっくり飲んで、ちょうどぐるりと1周という感じだったので、ダラダラと宴会をしたりするよりは、そのくらいで引きあげるのが粋《いき》な過ごしかたかもしれない。

須磨浦山上遊園 喫茶コスモス
住所 兵庫県神戸市須磨区一ノ谷町5-3-2
電話 078・731・2520

埼玉県
入間市

屋台ラーメン 大吉

繁華街に突如現れる異空間屋台

西武池袋線に「入間市《いるまし》」という駅がある。池袋駅から西へ下ること22駅。所要時間は最速で30分程度。同じ沿線に住んでいながら特に用事がなく、これまでの人生にはおいてほとんど縁のない街だった。が、最近、とある雑誌でそちら方面のエリアの酒場特集を担当することになり、良い店を求めて何度か通って、あちこちで飲んでみた。するとどこに入ってても魅力的で、しかもおもしろい店が次から次に見つかり、すっかりこの街に魅了されてしまった。雑誌の仕事が終わった今も、誰にも頼まれてないのに、ついつい入間に飲みに行ってしまうくらい。

そんな入間探索のなかでも特に衝撃的だった一軒が、今回紹介する「屋台ラーメン大吉《だいきち》」だ。入間市駅南口から5分ほど歩いた場所に「丸広《まるひろ》百貨店」や「ショッピングプラザ サイオス -SAIOS-」、「ユナイテッド・シネマ」が入るアミューズメント施設「ｉｐｏｔ」などが密集する、入間一の繁華街がある。そのあたりを「こんなエリアもあったんだな～」なんてのんきに歩いていたら、とんでもないものを見つけてしまった。なんと、巨大な商業ビルであるｉｐｏｔのふもとに、さも当然のように、トラックを改造したラーメン屋台が存在していたのだ。慌てて周囲を見回すも、地元の人々は、まるでそんなものは見えていないかのような顔で街を行き来している。なぜここを素通りできるんだ！と思ったけど、よく考えたら、地元に屋台があったからっていちいち毎回驚いてるやつは

いないか。とにかく、近年急速にその数を減らしている「屋台」の発見に、僕は大興奮した。残念ながらその時は営業していなかったけど、あきらかに「生きている」空気を感じる。僕は、「また入間に来る理由が増えてしまった……」と、心の中でニヤついた。

　後日、あらためてその屋台を訪れてみると、おぉ！　赤ちょうちんが灯《とも》っている！　思わず胸が高まり小走りになる。駆け寄って目の当《ま》たりにしたその店のディティールは、僕に大きな衝撃と感激を与えてくれた。

　マスターに「ひとりです」と伝え、席に着く。ラーメン屋であることはわかっていたので、少なくともビールく

営業中
鶏唐揚
500円

Suntory Whisky
since 1937

あん肝

らいはあるだろうと予想していたら、それどころではなかった。

まずお通しが出てくる。その時は小皿のおでんだったが、品は日替わりだ。目の前のメニュー表を見ると、「モツ煮」「牛すじ」「ホルモン」「鶏皮ポンズ」「エイヒレ」「冷やっこ」「馬刺し」「鯨ベーコン」などなど、つまみの種類も豊富なんてもんじゃない。飲み物は「ビール」「日本酒」「生酒」「ホッピー」「ハイボール」に、各種サワーといったところ。ホッピーを注文すると、セットではなく、あらかじめ割られてジョッキで出てくるタイプで、ものすご〜く焼酎が濃い。はは、イメージ通りの強力な店！

それからも何度かここで飲ませてもらった。オープンは15時で、昼夜は問わず、常連たちがマスターと楽しそうにしゃべりながら酒を飲んでいる。しばらく通って気づいたことだが、土地がらなのか、偶然自分が出会った店がそうだっただけなのかはわからないけど、入間の酒飲みたちはとてもほがらかだ。そういう光景に触れるたび、どんどんこの街が好きになってゆく。大吉は、僕にとっての入間の象徴のような店だった。

また、料理が何を頼んでも絶品で、毎度驚く。

なかでも印象に残ったのが「豚くだ」というメニュー。豚の「くだ」という謎の部位をボイルしたもので、醤油にカラシをといてつけながら食べる。ハードな食感の軟骨に、とろりと甘い脂身《あぶらみ》がついたような感じで、これがものすごくいいつまみになる。が、マスターのサービス精神が旺盛すぎるので、どんぶりいっぱいに出てくる。一度、ひとりでこれを平らげたら、それだけで完全に満腹になってしまった。

ちなみに、この原稿を書かせてもらいたいとお願いする際、マスターに「『天国酒場』という連載をやっていて……」と言うと、「うちは酒場じゃなくてラーメン屋だからよ！　まぁ、見えねーかもしれないけど」と笑っていた。そう、もはや忘れかけてしまっていたが、ここは本来ラーメン屋なのだ。で、そのラーメンが実は、もうはちゃめちゃにうまい！　ラインナップは「醤油ラーメン」「塩ラーメン」「味噌ラーメン」「激辛ラーメン」「チャーシュー麺」「つけめん（味噌／醤油）」。僕はまだ醤油と塩し

か食べたことがないけれど、どちらもこれまでの人生で食べたラーメンの中でトップクラスの美味《おい》しさだった。

トイレは背後のビルの扉を開けた、専用の小屋のようなスペースにある。ビルの壁に直接テレビがかかっていて席から見られるようになっていたり、とにかくまだまだ謎多き店だ。何より、写真をお願いしても「オレは顔出すとまずいんだよ」と笑ってはぐらかされてしまうマスターは、多くを語ってくれないから、これからも通って少しずつ店のことを知っていくしかないし、また、それがたまらなく楽しみだ。そう思っていた。ところが先日、コロナのことがあってしばらく大吉に行けずにいて、久しぶりに電話をしてみたら、マスターはいともあっけらかんとこう言った。

「おう、兄ちゃんか。大吉？　こないだやめちゃったんだよ！」

とっさのことで理由は聞けなかった。ただ、大好きになった天国酒場がまたひとつこの世からなくなってしまったという事実に呆然《ぼうぜん》とした。もうあの空間で酒を飲むことができないのはたまらなく寂しいけれど、とにかくマスターの声が元気そうなのは救いだ。もしかしたらまた、別の形で店でも始めてくれないかな？　「奇跡のようなシチュエーションで」なんて贅沢《ぜいたく》は言わない。小さな居酒屋でもいい。そこで、マスターと、ほがらかな入間の酒飲みたちと再び乾杯したい。そんな夢は、捨てないでおこうと思う。

Column 03

銭湯型天国酒場について と、「東京園」の思い出

僕は銭湯が大好きだ。

新型コロナウィルスの影響による外出自粛にともない、必要最低限の買い物と散歩くらいしかできていない昨今、夜の酒場はもちろん、銭湯にもまったく行けない日々が続いている。仕事が仕事だから、当初から「酒場に行けないのは寂しい。つらい」とは感じていた。そんな暮らしがしばらく続いたところで、ふと気づく。

「酒場はもちろんだけど、銭湯に行けないのも地味につらいな。いや、派手に、狂おしいほどにつらいな!」と。

朝から黙々と原稿を書き、その日のノルマを終える。今日は調子が良かったようで、まだ早めの夕方だ。となればもう、銭湯に行くしかない。天井の高い窓からはまだ明るい日差しがさしこむ。広い湯船に張られたたっぷりの熱い湯が、それを反射する。全身を洗い、ゆっくりと体を慣らすように湯につかる。よ〜く温まったら、水風呂にドボン。しばし瞑想。これを三度も繰り返せば、その日の肉体的および精神的な疲労など、すっかり消え去ってしまう。

湯あがりのふわふわと心地よい空気の層が

まだ体を包んでいる状態で、脱衣所で缶ビールでも飲むか、伊勢屋（102ページ参照）へ行って生ビールを飲むか、それともコンビニで缶チューハイを買って、公園の池のほとりのベンチで飲むか。どの選択肢を選んでも天国直行であることには変わりない。もちろん、そこまで優雅な余裕がある日はそれほど多くはないけれど、外出自粛が推奨されだす前までは、少なくとも銭湯にだけなら週3くらいのペースでは通っていたと思う。銭湯は、湯あがりの一杯を強制的に天上の美味に変えてしまう「どこでも天国酒場変換装置」といえるかもしれない。

ところで、そんな銭湯自体が天国酒場であるというパターンは意外と多い。昨今のスーパー銭湯はどこでも立派な飲み処が完備されているし、地方にある昔ながらの公衆浴場に、寄合所兼食堂みたいなスペースがあることも珍しくない。が、もっとなんというか、日常の隣にあって突然の非日常を感じさせてくれるような、まさに天国酒場的な銭湯というのも、探してみるとけっこうあるのだ。

例えば僕が大好きなのが、東京都練馬区にある「貫井《ぬくい》浴場」。ここ、僕の住む西武池袋線沿線の中村橋という駅から歩いて10分ほどのところなのだが、露天風呂があると聞き、以前わざわざ訪れてみた。すると、もちろん岩造りの露天は素晴らしいし、内風呂も充実したとても良い銭湯だったんだけど、さらに興奮してしまったのが、かなり広めの食堂兼飲み処が建物のなかに併設されていたことだ。

板張りの大広間に座卓と座布団が並び、ご高齢のお客さんも多いからだろう、テーブル席も数卓完備されている。注文はその都度番台まで食券を買いにいくシステムなのがおもしろい。生ビールばかりかホッピーセットまであって、そのナカは、気合の入った大衆酒場くらい濃い。

　幅広くつまみになりそうな一品料理もたくさんあるんだけど、僕はここで、あえて定食のセットをつまみに飲んだりするのが好きだ。昨今の人気店が競いあう、箸《はし》をさしこむとブシューと肉汁が噴出するようなタイプではなく、あくまで昔ながらの、みっしり食感のハンバーグ。それをおかずに白米をガシガシとかっこみ、ホッピーを飲む。

　ふと見れば、常連さんたちがそれぞれに好きなものを食べ、飲み、流れるTVをぼーっと眺めている。居間の延長のようでもありつつ、あの世のようでもある、まさに天国酒場。

　僕のなかで、天国酒場型銭湯の永遠のナンバーワンは、今はなき「綱島《つなしま》温泉 東京園」。東急東横線の綱島駅から歩いてすぐの場所にあった昔ながらの温浴施設。風呂は内湯のみだが、黒湯のラジウム温泉でいかにも効きそうなのが嬉しい。

　ただ、綱島温泉最大の魅力といえば、その風呂場を中心として複雑に入り組んだ、2階建ての巨大な建物。あちこちに勝手に休憩していいスペースがあって、予約すると丸一日いられる個室まであり、広い広い庭を猫が悠々と歩いている。手作りの焼き魚や

惣菜、カレーにラーメンなど、料理コーナーもかなり充実していて、酒も安い。そしてなんと、持ち込み自由！　それで、入場料は何時間いても900円。さらに、複数人で個室予約をした場合の入場料は1000円。勘違いしないでほしいのは、プラス1000円ではなくて、900円プラス100円の、1000円ポッキリ！　もはや慈善事業としか思えない……。

園内はいつでも、常連の幸せそうな笑顔であふれていたし、昼すぎくらいから閉園時間までずっと、老人たちがカラオケにダンスにと盛りあがり続け、もっとも忠実に天国の様子を映像化するとこうなるだろうなって感じだった。

そんな施設だったので、友達と何度も行っては宴会をした。営業後期は若者世代からの知名度も上がり、音楽イベントなどもよく開かれていた。しかし残念なことに、2015年5月、東京園は、直下を通る地下鉄工事の影響で閉園してしまった。

あの天国のような場所がなくなってしまうなんて、そうなるまではまったく信じることができなかったし、今でもまだ、どこか信じきれていないところがある。久しぶりにあの場所を訪れたら、何事もなかったかのように東京園は営業中なんじゃないか？　そんな気持ちはもしかしたら、一生消えないのかもしれない。

埼玉県
さいたま市

ゆたか

消えゆく大宮屋台、最後の一軒

埼玉県さいたま市にある大宮《おおみや》という街は、自分がもっともよく利用するターミナル駅である池袋からのアクセスが良く、それでいてちょっとだけ遠くへ旅行に来たような地方都市感もあり、昔から好きな街だった。

大宮で飲むといえば、なんといっても東口駅前に本店と2号店の並ぶ老舗《しにせ》「いづみや」。大衆食堂と酒場を兼ねそなえたような渋い店で、営業は朝10時から。ずらりと並ぶ長テーブルに、まだ明るいうちからぎっしりとひしめく酒飲みたち。その誰もが、それぞれの時間を嚙《か》みしめるように飲んでいる様は、大衆酒場の魅力をそのまま具現化したようなすごみがある。

そんな大宮の、しかもいづみやからもすぐの場所に、こんな奇跡のような店があったことをつい最近まで知らなかったのだから、僕もつくづく、視野の狭い酒飲みだなぁと思う。大宮駅東口を出たら、正面のいづみや側には渡らず右方向に線路沿いを進む。するとほんの2、3分で、我が目を疑うような風景と遭遇することになる。

おでん屋台「ゆたか」。その並びには、もう閉店してしまった屋台の名残《なご》りが2軒。かつてこの場所には、他にもずらりと屋台が並んでいたのだという。

ビニールシートをめくるとなかには、完全に外界と遮断《しゃだん》され、時代の感覚が一気に麻痺《まひ》してしまう空間が広がっている。

横一列のカウンターはたった5席。身を縮《ちぢ》こめるように座ると、もはやそこから動きたくなくなってしまうようなジャストフィット感が楽しい。グツグツと湯気をあげるおでん鍋から漂うだしの香りに誘惑されつつ、まずは酒だ。

見上げるとそこに、この上なくシンプルなメニュー。そう、こういう店に似合うのは、この必要最低限のメニューだ。「個人経営の酒場に入るのがこわい」と考える人にとって、その最大の原因のひとつがこういう、値段すらもわからないメニュー表にあると最近気がついた。もちろん、自分ももっと若いときはそうだった。しかし、無駄に経験だけは重ねてきたからわかる。街に根ざして長く続いてきた大衆酒場で目ん玉が飛び出るほどの金額を請求されるということはない。メニューを見て、今、飲みたいものを頼めばいいのだ。そういう意味で、このシンプルさはむしろ親切。

「レモンハイ、お願いします」

手作りのお通しがしみじみうまい。これをつまみにレモンハイで喉を潤《うるお》したら、さぁおでんだ。先に断っておくが、僕はおでんに関してはとことんセンスがない。「大根、玉子、それからえーと……昆布ね」なんていう、上級者的な頼みかたがどうしてもできない。いや、やろうと思えばできるんだけど、己《おのれ》の欲望に忠実におでんだねをチョイスすると、どうもちぐはぐかつ子供っぽくなってしまう。言い訳はそのくらいでいいか……。

頼んだのは「はんぺん」「ソーセージ」「車麩《くるまぶ》」。まずソーセージが子供っぽいし、はんぺんとお麩が若干かぶっている。そもそも普段、はんぺんは自分の中であまり優先順位が高くないんだけど、ゆたかのはんぺんのあまりのオーラにどうしても頼みたくなってしまった。しかしこれが大正解。巨大なので遠慮なくがぶりといくと、じゅわっと優しいだしの染みたふわとろの身が、口のなかで溶けてゆく。あぁ、至福。もちろんソーセージも車麩も最高にうまい。

おでんの他にも、目の前のカウンターには、塩辛とか、明太子《めんたいこ》とか、素材のままの野菜

瓶ビール
お酒
ウイスキ
レモンハ
ウーロン

や貝なんかがあれこれ並んでいる。指さして「これをください」と言えば、女将《おかみ》さんが調理するなりして出してくれるのだろう。

そのなかのひとつに「イナゴの佃煮《つくだに》」があった。僕は、本当は「酒場ライター」なんて肩書きを名乗る資格がないといえるほど、珍味や未知の食材がおそろしい。「イナゴ」なんてその最たるものだ。一生食べることはない。そう思っていた。が、この日は実は、この本の担当編集者であるM氏と、知人編集者Y氏が同行してくれていた。そのふたりが「お、イナゴがあるじゃないですか」「うまいですよね〜」なんて言いながら、僕になんの断りもなく（いや、いいんだけど）イナゴを注文。心底うまそうに食べている。僕はそれを「うわ、信じらんない……」と眺めていたんだけど、不思議とだんだんうまそうに見えてくる。

「どんな味なんすか……？」

「いや、ただのエビですよ、エビ」

そういうもん？……か。完全に屋台マジックもあったのだろう。僕はイナゴの佃煮をひとつ箸《はし》でつまみ、ポイと口へ入れた。サクッと軽い食感ののち、確かに甲殻類っぽい旨味《うまみ》と甘辛い味。うま！　と、思わずもうひとつ。

大宮の屋台でイナゴを克服する日がやってくるとは、つくづく人生ってわからないものだなぁ。

大型のターミナル駅である大宮。そこからすぐの場所にある屋台の背後には無数の線路が並び、常に列車が行き来している。そのたび店は、ガタンガタンと走る電車に共鳴して揺れる。ここまでくると、昭和の日本映画を通り越して、ドリフのコントの世界だよ。なんと楽しく幸せな酒だろう。

女将さんはこの小さな店を、40年以上も守り続けてきたそうだ。が、残念ながらそんなゆたかも、年内（2020年）で店を閉じることが決まっているらしい。

永久に残ってほしい場所だと望めど、僕に何かできることなんてない。またひとつ、奇跡ともいえる天国酒場がなくなってしまうのかと、こんどは無性に寂しくなりつつ、ただただ、貴重な時間を堪能させてもらった。

ゆたか

住所　埼玉県さいたま市大宮駅東口ＪＲ線路沿い

東京都
あきる野市

割烹川波石びき
手打ちそば処

雄大な秋川の流れを
全身で感じながら食べる
手打ちそば

スズキナオさんとチェアリング（50ページ参照）を始めた数年前。そのあまりの楽しさ、心地よさに取り憑《と　つ》かれてしまい、何かの取材でも誰に頼まれたわけでもないのに、わざわざふたりで待ち合わせ、遠出をしてまでチェアリングする、というのをけっこう頻繁《ひんぱん》にやっていた。「次の候補地はどこにしよう？」と地図を眺め、新宿から電車を乗りつぎ1時間ちょっとの場所にある、武蔵五日市《むさしいつかいち》という街を目的地に決める。2016年の夏のことだった。

東京都あきる野市にあり、JR五日市線の終点である武蔵五日市駅は、豊かな自然を誇る秋川渓谷《けいこく》への玄関口としても知られていて、駅を出て少し歩くとすぐに清らかな水をたたえる秋川の河原にたどりつく。地元のスーパーで食材や酒を買い、この河原で過ごしたチェアリングの時間はそれはそれは優雅なものだった。

その時、河原にあることを発見しながらも、その日は時間が遅かったこともあり、入店が叶《かな》わなかったのが「割烹川波《かっぽうかわなみ》 石びき 手打ちそば処」。それから3年後の夏、ようやく僕はその店を訪れることができた。

再訪までになぜそれほどの時を要したのかというと、この「石びき 手打ちそば処」は、母屋として建つ懐石料理の店「割烹川波」が営む、別館とでもいうべき店。川に面したオープンな店舗なので、営業期間が3月中旬から10月末に限られている。つまり、シーズンを

かき氷
生ビール
地酒
コーヒー
かき氷

逃すと営業再開まで待たなければいけなくて、なんだかんだ機会を逸しているうちにどんどん時間が過ぎてしまったというわけだ。

なので、秋川の雄大な流れに面して思いっきり開放されたこの空間に初めて足を踏み入れた時は、それはそれは感動した。

真夏ではあるけれど、天井には数台の扇風機が回っていて、自然の風も吹き抜け、屋根の上をこんもりとした木々が覆っているからまったく不快ではない。この開放的な空間で、よ〜く冷えた瓶ビールで喉を潤《うるお》す。なんという贅沢《ぜいたく》だろうか……。

母体はちゃんとした料理屋だが、こちらは気軽に立ち寄れるリーズナブルな価格設定。そば類のメニューはもちろん充実していて、他にヤマメやイワナの塩焼き、6月以降限定の川釣り鮎《あゆ》の塩焼きなど、たまらなく酒が進みそうな一品料理もあれこれ揃っている。例えばこの日僕が注文した「そば豆腐」なら３００円だ。

できたてなのか温かく、食感は沖縄のジーマミー豆腐にも似て柔らかい。口へ運んだ瞬間にふわっとそばの香りが広がり、あまりにも良いつまみで、そばへの期待がいやがうえにも高まってしまう。

やがて注文していた「田舎《いなか》そば」が到着。パッと見ですでに個性的なそばだし、天ぷらそばを頼んだわけでもないのに、何やら野草らしき天ぷらが添えられているのも嬉しすぎる。

Asahi
KIRIN

北海道産の「玄そば」を石臼《いしうす》で自家製粉したこだわりの一品とのことで、高まりきった期待をじゅうぶん満足させてくれる香り高さ。それから、「割烹」のイメージからすると意外なほどの力強さがたまらない。野性味を感じるというか、のどごしを楽しむよりも、ガシガシと嚙《か》みしめる快感を堪能するような。正直に言って、こんなにうまいそばを食べたのはいつぶりだか思いだせないほどだ。

酒を日本酒に切り替え、そば湯までじっくりと堪能。最後に出してもらったただの水までもがやたらと美味《おい》しく、こんなに浮世離れしたシチュエーションで、こんなに絶品のそばが食べられるなんて、ほんとに現実？　と、ほろ酔いのなか理解の追いつかない思考をめぐらせる時間もまた、なんだか楽しいのだった。

割烹川波　石びき　手打ちそば処
住所　東京都あきる野市留原785
電話　042・596・4456
※例年3月中旬から10月末にかけての期間限定営業

埼玉県
さいたま市

大宮公園三浦売店

家庭的なもてなしに心温まる、池のほとりの天国酒場

この本では何度も書いてきたことだが、大きな公園というのは天国酒場の宝庫だ。僕はどこか知らない街に出かけるとき、その日に寄れる範囲のなかに大きな公園がないかを事前にチェックする。あれば情報を検索する。もちろん、園内に酒が飲める売店や茶屋がないかどうかを調べるためだ。

以前別件の取材で大宮《おおみや》の街を訪れるにあたり、「大宮公園」について調べてみたところ、あまりのことに大興奮してしまった。なんと園内に「押田《おしだ》売店」「おぐま売店」「三浦《みうら》売店」「須之内《すのうち》売店」「岡田《おかだ》売店」「白井《しらい》売店」と、六つもの売店が点在している。そう、大宮公園は、世にも貴重な、天国酒場のハシゴが可能な公園なのだ。なかでも僕が大好きで、行けば必ず寄るのが「三浦売店」。

園内に、小さな動物園やレトロな味わいがたまらない子供遊園など、いくつもの見どころが点在していて、ただ散歩をするだけでも楽しい公園だ。西側には大きな池「大宮公園舟遊池」があり、そのほとりという絶好のロケーションに建つのが三浦売店。

いたってシンプルな四角い店内に、白いテーブルが並ぶ。こういう店だから、超満員だったということはあまりない。たいてい地元の常連が1、2組、女将《おかみ》さんと世間話をしながら飲んでいる。このいたってのどかな空間で、名物の焼きそばをつまみに飲むビールや缶チューハイがたまらないんだよなぁ。

KIRIN

窓際の特等席が空いていればそこに座る。池ギリギリに建つ三浦売店の窓に切りとられた景色は、もはや絵画だ。

瓶ビールを頼むと、お通しとともにやってきた。お通しは女将さんが毎日手作りしているので、行くたびに内容が違う。この日は豚肉とゴボウの煮物で、その家庭的な味にとことん癒《いや》される。

メニュー構成は、「焼きそば」「おでん」「もつ煮」「トコロテン」「缶づめ」「冷奴」「フランクフルト」「みそおでん」と必要最低限。けど、焼きそばは必ず食べたいし、お通しもあるから、「あともう一品何を頼もうか?」と、割と毎回悩む。この日はサバの水煮缶を選んだ。きちんと皿に移して持ってきてくれるひと手間が嬉しい。

お通しとサバ缶でちびちびとビールをやっつけたら、焼きそばとチューハイを追加注文。天国酒場で出会うチューハイはいつだって神々《こうごう》しく、酒飲みとしての初心に帰らざるをえない。

さて、名物の焼きそばがやってきた。とはいえ、他の店と比べてどんな特徴があるということはない。シンプルなソース味の、キャベツと青のりと紅ショウガたっぷりの一皿。三浦売店のどの料理にも共通する、優しくて家庭的な味わいだ。だからこそこの空間に最高にマッチするし、この店ではこれが最高の酒のつまみなのだ。

また、ぜひ味わっておきたいメニューのひとつに、自家製の「梅酒」もある。市販のものとは一線を画す、スッキリとしながらも深みのある味わいで、心からうまい。壁際の棚にそれらしき瓶が並んでいたので、女将さんに「それが梅酒ですか？」と聞いてみたところ、そうではなくて、個人的に漬けている「キンカンのウイスキー漬け」らしい。売り物ではなく、これが大好きな娘さん夫婦のために毎年作ってあげているんだそう。そんな話をしていたら、「少し飲んでみる？」とおすそわけをいただいてしまった。まだまだ日は浅いそうだが、ウイスキーのクセや角《かど》はすっかりなくなり、「回復

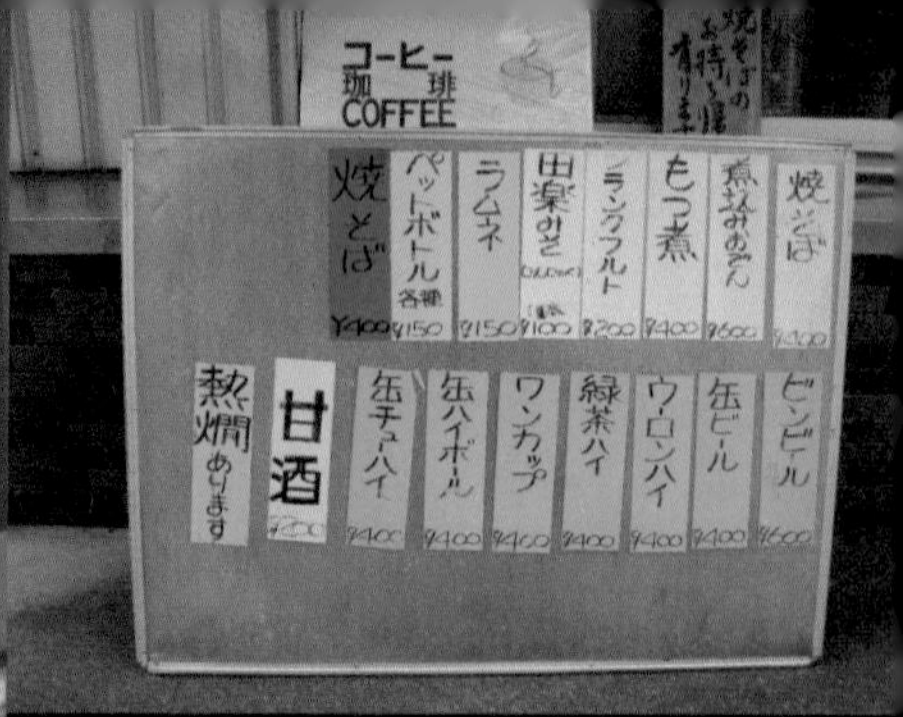

コーヒー
珈琲
COFFEE
焼そば
ペットボトル各種
ラムネ
田楽みそ
フランクフルト
もつ煮
煮込みおでん
熱燗あります
甘酒
缶チューハイ
缶ハイボール
ワンカップ
緑茶ハイ
ウーロンハイ
缶ビール
ビンビール

薬」というものがこの世にあるならこんな感じだろうなっていうよな、ありがた〜い味。どこまでも温かい三浦売店と女将さんだからこそ作り出せる、この居心地。やっぱりいい店だな。

そして娘さん、お言葉に甘えて大切なお酒をちょっぴりいただいてしまい、まことに面目ありませんでした……。

大宮公園 三浦売店

住所　埼玉県さいたま市大宮区高鼻町4 大宮公園内

東京都
大田区

多摩River

健康優良野球少年たちの声を聞きつつ、
昔ながらのラーメンをつまみに

区多摩川緑地管理事務所

(1)シャワー室
(2)更衣室
(3)TOILET
無料
休憩室
食堂

運動施設利用の方は1階事務所へ
9時～16時半
1回5分百円
シャワー料金
靴の泥を落してください。
正面2階
休憩室
更衣室
食堂
シャワー（有料）
トイレ

うめ
こんぶ

多摩川沿いが天国酒場の宝庫であることはとっくに書いたし、この本でも何軒かの店を取りあげてきた。今回もそんな店のひとつを紹介するわけだが、その名も「多摩Ｒｉｖｅｒ」。「多摩川」と「たまり場」がかけてある。大切な店名をダジャレにしてしまうというどこか油断した感じに、はてしなく好感が持てないだろうか？　僕は持てる。

「天国酒場」という僕の造語を初めてきちんと世に発信したのは、２０１6年4月に発売された「酒場人」の第2号だった。「天国酒場へようこそ」というサブタイトルをつけ、巻頭でどーんと特集した。同じ号で、僕の敬愛するミュージシャン、かせきさいだぁさんの連載も始まった。「旅ゆけば飲み歩き」というコーナーで、かせきさんと一緒に街をふらふら散歩し、いい頃合いになったらハシゴ酒に突入するという、一ファンとして光栄にもほどがある内容。僕はかせきさんが昔から多摩川のことを「タマゾン川」と呼び、釣りをしたり河原にラジカセを持っていって過ごしたりと、自由に遊びつくしている様子にあこがれていた。だから初回の行き先について、「どこか多摩川が近い街でどうでしょう？」と提案させてもらった。すると東京都大田区にある「六郷土手《ろくごうどて》」という駅の近くの多摩川沿いに、おもしろい食堂があるという。「ぜひぜひ！」ということで、六郷土手に集合した。そうしてかせきさんに教えてもらった店が、まごうことなき天国酒場だったというわけなのだ。

六郷土手の駅は、多摩川の河川敷に隣接するようにある。そこからのんびりと散歩していると、すぐに「大田区多摩川緑地管理事務所」という施設にたどりつく。

目的地に着いたとかせきさんは言う。が、とても酒を飲めるような施設には見えない。と思いきや、なんとも脱力感のあるデザインがたまらない「多摩Ｒｉｖｅｒ」という看板が建物の目の前に立っている。あ、この感じ、飲めるぞ。

関係者じゃないけど入っていいいんだろうか？　って雰囲気の、いかにも公共施設的エントランスを通り、案内板に従っていくと、たしかにその店はあった。

重厚な扉を押して一歩入れば、そこは別世界。長テーブルとパイプ椅子がずらりと並ぶ会議室のような休憩スペースと、広々とした厨房。大型のものが三つ並ぶガラスの冷蔵ケースには、キリン、アサヒ、サッポロと、各メーカーの瓶ビールがぎっしり並んでいる。メニューもかなり豊富で、ラーメンやカレー、どんぶりなどのメインものの他に、おでんやちょっとした単品のつまみもいろいろある。

飲食物の注文はせず、ただ休憩している人たちもたくさんいる。自由な施設だ。僕らも空いている席を確保し、まずはセルフサービスでチョイスするおでんと瓶ビールで乾杯することにした。

大きな窓から燦々《さんさん》と光さしこむ店内で、いかにも事務的な長机に酒とつまみを並べ、昼

たまりばラーメン
580
ラーメン
390
味噌ラーメン
520
チャーシューメン
580
ワンタンメン
520
焼きそば
520
牛丼
550
カレーライス
520
カツカレー
700
Asahi
アサヒビール
Asahi

間っから飲んでいる。しかも目の前にいるのは、高校時代からあこがれ続けたかせきさんだ。あまりにも現実離れした状況に、緊張を通り越して笑ってしまう。

せっかくこういう店にやってきたので、ラーメンも頼んでみようということになった。オーソドックスなラーメンより200円近く高級な（とはいえ訪れた当時で580円）、「たまりばラーメン」を選ぶ。わかめ、メンマ、チャーシュー、ゆで玉子、味つけもやし入りの豪華版だ。

クリアな醤油スープがいい。色の濃いメンマがいい。半熟のゆで玉子がいい。チャーシューの絶妙な厚みと大きさがいい。わかめももやしもたっぷりなのが嬉しいし、つるつるとのどごしのいいちぢれ麺をすすりこむと広がる派手すぎない昔ながらの味わいが、この環境にものすごくマッチする。

ただ、残念なことにこの店は、2020年の3月に閉店してしまった。世の中には、こんな具合の食堂がどのくらいあるんだろうか？　僕が知らないだけで、まだまだある気がする。そしてきっと、目の前で野球に熱中する子供たちにとって、そこに存在する食堂は、日常の風景そのものなんだろう。そんな店でもっと飲んでみたい。あらためてそんなことを思わされる天国酒場だった。

Column 04 記憶のなかの天国酒場たち

　今はなき天国酒場の代表といえば、僕に天国酒場という概念を発見させてくれた稲田堤《いなだづつみ》の「たぬきや」がまっさきに思い浮かぶ。が、ここは思い出の多すぎる店。一日置いておこう。これまでに紹介した「マサラ 豊島園店」や「大吉」「多摩Ｒｉｖｅｒ」も忘れがたい店たちだ。

　本書を見てもらうとわかるように、天国酒場は特殊な立地にあることも多く、例えば川原や公園のなかにある店ならば、その場所の「占有許可」を得て営業しているということが多い。占有許可の条件は時代とともに変化し、仮に長く川原の同じ場所で営業してきた店があったとして、一度閉店してしまえば、同じ場所で誰か別の人が新しい店を始めるということは、おいそれとはできない。つまり天国酒場は、失われてしまえば永遠にその場所から消えてしまいかねない、とても儚《はかな》い存在なのだ。もちろん、近年の都市再開発にともなって消えていってしまった、味のある横丁の数々などもその例外ではない。とにかく、もしも気になり、行きたいと思ったら、なるべく早く訪れるに越したことはないのだ。

　例えば、昨年（２０１９年）取材をし、本書でも紹介させてもらいたいと思っていたとある居酒屋。掲載許可の連絡をすると、近日中の移転が決定していて、残念ながら情報の掲載は見送ってほしいということになってしまった。

その店を見つけた経緯がまずおもしろく、水上バスに乗ってお台場《だいば》から浅草に向かっている際、隅田川の両岸に建ち並ぶ建物のうちのひとつ、とあるビルのテラス風スペースの一角だけが、どう見ても酒場の雰囲気だ。位置的には蔵前《くらまえ》と浅草の中間くらい。

慌てて地名とそれらしいワードで検索してみると、店名が判明。後日訪れたその店は、眼下に隅田川が流れ、前方には東京スカイツリーや、ビールジョッキを模したアサヒビール本社ビルに、炎のオブジェ。まさに天国というより他ない酒場だった。

ただ、そこは比較的新しい店で、もしかしたら居抜きで別の店が入る可能性はあるかもしれない。あの風景を堪能しながら酒を飲むのが100%の夢物語でないことだけは、ちょっとした希望だ。

仕事の都合で東京都日野《ひの》市の「平山《ひらやま》城址公園」というのどかな街に行った時、川沿いに、我が目を疑うような店を発見した。店頭に赤ちょうちんがぶらさがっていなければ、どう見たって隣のアパートの倉庫にしか見えないプレハブ小屋。だが、窓から漏《も》れる光の感じを見る限り、営業中の酒場のようだ。

ただ、その日はどうしても時間がなくて寄れず、ネット上にも情報がまったくないので、往復3時間はかかるこの街に後日、「やっていてくれ……」と願いながら再訪した。結果、無事訪れることのできたその店は、箱のなかだけが周囲の風景から独立した非日常空間である、まさに天国酒場。知り合いの大工にし

つらえてもらったという立派なカウンターの居心地が最高で、大将の焼いてくれた焼鳥も絶品だった。

ここも先日、久しぶりに行きたいなと思って、なんとなくＧｏｏｇｌｅストリートビューで店の場所を確認してみたところ、きれいな更地《さらち》になっていた。

残念だけど、飲みながら店の歴史を聞かせてもらっていたとき、確か大将は「一度別の場所からプレハブごと移転してここに来た」と言っていた気がする。ならばもしかして、また場所を移しただけという可能性もありえる。神出鬼没な、幻のような店。その存在感からして、いかにも天国酒場じゃないか。いつかまた、あの箱のなかで飲めるといいな。

3年ほど前、中央線で東中野を通りすぎた時、駅前の線路沿いに異様な光景を見た。どちらかというと薄暗いイメージの東中野の街のなかで、そこだけが派手な電飾に飾られ、何やら屋台村のような雰囲気。最近そんな施設ができたなんて噂も聞かなければ、情報も見つからない。

ちょうどその頃、タブラ奏者のユザーンさんと「近々飲みましょう！」なんて話していて、ユザーンさんもそういうのが大好きなので、一緒に行ってみることにした。するとそこには、確かにオープンエアーな酒場があった。が、想像以上にカオスで、はっきり言ってわけがわからない。無論僕たちは、その謎の空気感を心ゆくまで楽しんだ。

ちなみにこの場所、Ｇｏｏｇｌｅストリートビューのタイムマシン機能で過去にさかのぼってみると、２０１４年２月の時点では雑居ビルが建っている。が、同年７月に更地となり、２０１５年には駐車場に。２０１７年、そこが空き地になって、奥に１台のキッチンカーのようなバスが停まっている。その横には「一番搾《しぼ》り」ののぼり。どうやらこのあたりが始まりのようだ。２０１８年４月には何かの廃材を利用したようなテーブル席と、テントもちらほらと増えはじめた。２０１８年８月、いよいよ空き地全体が開き直ったように派手に装飾され、「ビアガーデン」なんていう看板が見える。僕たちが訪れたのはこの頃。そして２０１９年５月、再び何ごともなかったように更地になって、現在は新築マンションを建設中のようだ。

あの店、なんだったんだろう。考えてみても謎のままで、まるで夢のなかのできごとのよう。そんなあやふやさもまた、天国酒場らしいといえるのかもしれない。

東京都
品川区

龍屋台村

海上にふわりと浮かぶテラス席。
気分はまるで屋形船

品川宿《しながわしゅく》といえば、東海道《とうかいどう》五十三次《つぎ》第一の宿場。今や品川と聞けば近代的な高層ビルの立ち並ぶ光景を思い浮かべる人のほうが多いだろうが、ＪＲ品川駅からほど近い京急線北品川駅付近を歩いてみると、かつての宿場町の雰囲気が色濃く残っている。

特に風情があるのが、品川浦の舟だまり。江戸時代より「江戸前」、つまり東京湾における船文化の拠点でもあった品川。ヨットハーバーやマリーナとはまた趣の異なる、釣り船や屋形船が並び浮かぶ、郷愁の風景に出会うことができる。

「むつみ丸」と「第二むつみ」の2隻を運行する「屋形船 むつみ丸」は、この地に古くからある船宿のひとつ。ところが、他の船宿とは大きく異なるポイントがある。なんとここ、船着場に隣接した場所に、酒場を作ってしまったのだ。つまり、品川浦の舟だまりを間近に眺めながら飲むことができる店ということ。

味わい深い宿場町の風景のなかで、ひときわテンションの高い外観の「一龍屋台村《いちりゅうやたいむら》」。それが、むつみ丸が経営する酒場。「舟だまりを間近に眺めながら」なんて書いたけど、実際は間近なんて生優しいものじゃない。なんとテラス席は、まるで京都の川床《かわどこ》のように海の上に浮かんでいるのだ。

テラス席の先にはスロープがあり、乗船客はここを通って船に乗りこむ。屋形船での宴会を楽しんだあとは、一龍屋台村でゆるりと二次会をしていく人たちも多いらしい。もち

SAPPORO
一龍屋台村

Hoppy
ホッピー

ろん、屋形船には乗らず、ここで気軽にふらっと一杯だけ飲むという使いかただって許されている。

目の前にはゆらゆらと揺れる屋形船。吹き抜ける潮風の香り。夕景にぼんやりと浮かぶ赤いちょうちんの行列。そんなシチュエーションで、大好きなホッピーに酔える幸せ。酔い覚ましに水辺に近づき見下ろせば、あちこちに小さなカニの姿を見つけ、郷愁は最高潮だ。

また、この店の楽しさはテラス席だけではない。広い店内席の周囲をぐるりとたくさんの屋台が囲むような作りになっていて、海鮮屋台、焼鳥屋台、一品屋台などなどを見て回り、頼みたいものを伝えると席まで運んできてもらえるシステム。それがなん

だかお祭りに来たみたいで、注文のたびにワクワクしてしまう。

酒もつまみも品数たっぷりで、老舗《しにせ》の船宿が屋形船だけでなく酒場を開いてくれているだけで嬉しいのに、こんなにも気ままに飲ませてもらえるんだから、心の底からありがたい。

芝浦《しばうら》の市場から直送される牛スジがゴロゴロと入った「牛すじ煮込み」は、長時間かけてトロトロに煮込まれた絶品。たった880円でこの量⁉　と驚かされた「キスとイカと旬《しゅん》野菜の天ぷら」も、熟練の技でふわりと揚げられていてたまらない。というか、この場所でほろ酔いになりながら天ぷらなんて食べていると、もはや自分が地上にいるのか船上にいるのかすらも曖昧《あいまい》になってくる。

ただでさえ希少な北品川の舟だまりの風景に溶けこみながらゆるりと飲める天国。いつかは、屋形船に乗ってからの二次会でも楽しんでみたい。

一龍屋台村
住所　東京都品川区東品川1－1－11
電話　050・5597・4947

東京都
台東区

福ちゃん

焼きそばと、日常と非日常の「境目」をつまみに飲める店

そこから見える景色が絶景であることは、僕の考える天国酒場の要素のひとつにすぎない。では、天国酒場の絶対的条件とは何か？　それは、「日常の隣に突如出現する非日常感」を持った店であるということ。そういう意味で、知る人ぞ知る名店「福《ふく》ちゃん」の、非日常感は、かなりすさまじいものがある。天国酒場とも異世界酒場ともいえるような。

浅草《あさくさ》は、言わずと知れた日本を代表する観光地のひとつだ。浅草寺《せんそうじ》があり、隅田川《すみだがわ》があり、酒を飲むなら「ホッピー通り」に、電気ブラン発祥の老舗《しにせ》「神谷《かみや》バー」もある。が、この街に「日本最古の地下街」があることを知らない人は、意外と多いんじゃないだろうか？

「浅草松屋」の目の前にある、ポップなモグラのイラストが描かれた看板が目印の入り口。その階段を降りていくと、多くの人が想像する浅草のイメージとはかけ離れたディープな空間が現れる。さながら、ダンジョン。

50年以上の歴史が堆積《たいせき》し、細部にまで隙なく味わいの宿った地下街。そこに飲食店、床屋、印刷屋、怪しげな雑貨屋、占いや気功の店など、規則性なく雑多な店舗が建ち並ぶ風景には、僕の大好きなサイバーパンク的感覚が充満している。何より、それが意図して作られたものではなく、自然な新陳代謝の末に生まれたものであるというのがたまらない。

その空気を全身で堪能しつつ地下街をはしまで歩いてゆくと、周囲から浮かび上がるように存在する店、それが、福ちゃんだ。

看板に「浅草やきそば」とあるとおり、名物は焼きそば。この超一等地にあって、値段はなんと350円だ。これをさくっと食べて昼食とする人ももちろんいるのだろうけど、ここには他にも、つまみや酒のメニューがあれこれあって、昼間から飲んでいる常連も多い。

開放的なカウンター席で、ジョッキまでキンキンに冷やされた生ビールと「タンみそ漬け」で始めるのが僕の定番。塩気強めで、旨味《うまみ》も食感もぎゅぎゅっと凝縮されたタンをひとかじりし、すかさずビールをごくごくー！　っと、いけるところまでいく。……ぷはーっと息を吐く。人生に何度訪れても最高を更新する、幸福な瞬間だ。

ちなみにここは地下街の最果てで、その先がどうなっているのかというと、東京メトロ銀座線浅草駅の改札口につながっている。ほんの数メートル先にはディープな地下街と明るい改札の明確な境目があって、その向こうの空間には、まるでこちら側など見えていないようなそぶりで日常生活を送る人々が忙しそうに行き交っている。こんなにも明確な、日常と非日常の落差をつまみに飲める店なんて、なかなか他にないんじゃないだろうか。

さて、ここに来たら焼きそばを食べなければ帰れない。ものすご～く酒がすすむ焼きそばだから、シメというよりはつまみ。なので、もちろん酒もおかわりする。

昔は決まってマヨネーズもトッピングしていたが、40代となった最近は、その日の気分による。ただ、牛スジはやっぱりマストかな。

実は、毎回ついこの組み合わせばかりを頼んでしまうので、今日こそは前から気になっていた「カレーソース焼きそば」を頼んでみようと思って来たんだけど、今はコロナの影響で品数を減らしており、一時的にメニューから消えているそう。復活したらこんどこそ食べにこよう。

まず、ところどころがへこんだアルマイト皿がいい。つやつやと輝く目玉焼きの宝物感もたまらない。太めでわしわしとかっこむタイプの荒々しい麺なんだけど、どこか優しく感じるのは、その柔らかさのおかげか。甘めで味濃い目のソースにたっぷりと牛スジの旨

おつまみ
牛スジ焼きそば

お持ち帰り
ソース焼きそば
並 350円
大 400円

SAPPORO

浅草やきそば
観音様・仲見世 近道
アサヒビール

味が絡み、これが体になじんだ味であるホッピーセットと相性抜群なんだよな。
無論、途中で目玉焼きの黄身をつつき、慎重に慎重に〝味変〟を加えてゆく。溶けだした卵黄がまとわりついた麺は粘度を増しててらてらと輝き、究極にまったりとした味わいになる。ここで紅ショウガをアクセントに。なんてことをやりながら、ホッピーのナカをおかわり。なんだか飲み進めるうちに、「あっちがこの世でこっちがあの世」ってな気分になってきたけど、そうそう、これこそが天国酒場で飲む醍醐味《だいごみ》なんだった。あぁ、今日も天国酒場は楽しいなぁ。

福ちゃん
住所　東京都台東区浅草1―1―12 浅草地下街
電話　03・3844・5224

「たぬきや」よ永遠に～あとがきに代えて

僕が天国酒場の存在に気づくきっかけとなった「たぬきや」の話を最後にしておきたい。

あれは2012年の夏のこと。飲み友達の誰からともなく「たぬきやって店がやばいらしい」という噂を聞くようになった。どうも、神奈川県川崎市稲田堤《いなだづつみ》という街の川のほとりに掘っ立て小屋のように建っていて、きっちり酒が飲める店らしい。いてもたってもいられなくなった僕は、妻や、スズキナオさん、その友達らと連れだって、たぬきやへと向かった。

その時の体験が、あまりにも衝撃的。広大な多摩川の河川敷に、なぜこんな場所に？　って感じである平屋《ひらや》の川茶屋。広い店内には、すべて開け放たれた窓から窓へと、川面で冷やされた風が吹き抜けてゆく。店の前にはよしず屋根のテラス席。特等席と思われる小上がりの座敷で生ビールを飲んでいると、看板猫のミーちゃんが挨拶《あいさつ》にやってきてくれた。

また、女将《おかみ》さんがひとりで切り盛りする厨房から運ばれてくる焼鳥、モツ煮、カレーライスに焼きそばなどの料理が絶品。よく「海の家で食べる素朴なラーメンがシチュエーション込みでうまい」なんて話があるが、そういうレベルじゃなくて、どれもちゃんと美味《おい》しいので、びっくりしてしまった。

僕たちのようにゆるゆると酒を飲んでいる人もいれば、散歩やジョギングの途中でひと休みしていく人、犬を連れて夕涼みにくる人など、それぞれが好きなように過ごしている。どこまでが客でどこからが店の前に佇《たたず》んでいる人かもよくわからない。店内とテラス席に境がないとかいう

Hoppy
ホッピー

レベルじゃなくて、店と外の境界がそもそもない。それは、あまりにも未体験の世界だった。

当時の僕は、酒飲みとしてちょっと肩に力が入りすぎていたように思う。つまり、若い頃の「酔って騒ぐのが楽しい」という飲みかたから、酒には酒場の味わい自体を楽しむという飲みかたがあることに気づきはじめた。そこで雑誌などで紹介されている名酒場へわざわざ出かけていって、「もうチェーン店なんかでは飲めないな」なんて悦《えつ》に入っていた。ところがここはどうだろう。むっつり難しい顔をして酒を味わったりしている人はひとりもいない。老若男女誰もが、ただ幸せそうにのびのびした時間を過ごしている。僕は、今までの自分がいかに浅はかだったかを思い知った。そして、たぬきやに限らず、チェーン店にも名酒場にもそれぞれの良さがあり、楽しみかたがあるということに、突然気づいたのだった。

その日はあまりの心地よさに、真昼間から日が沈むまで、たぬきやでぼーっと飲み続けてしまった。過度な会話もせず、ただ対岸の景色と、刻一刻と表情を変える高い空を眺めながらほろ酔いになっていたら、なんだか目の前の多摩川が三途《さんず》の川に見えてきた。そして思った。ここは、天国にいちばん近い酒場……天国酒場だ、と。

訪れるごとにまったく違った雰囲気のなかで飲めるのもたぬきやの、そして天国酒場の魅力だ。ある友達は突然の豪雨とカミナリを眺めながら飲んだことが、またある友達は雪の降るなか冬季限定の鶏鍋をつついたことが忘れられないという。う〜ん、羨《うらや》ましい。僕がたぬきやで過ごした日々のなかで特に忘れられないシチュエーションはどれだろう。あ、調布《ちょうふ》の花火大会の日かもしれない。河川敷はレジャーシートで陣取る花火見物の人々で埋めつくされていたけど、運良くたぬきやの、しかも特等席の小上がりに座ることができた。窓の外にバンバン花火があがり、横ではそれをミーちゃんが見ている。こんな浮世離れした状況はそうそうないし、写真を見かえしても合成にしか見えない。

たぬきやは2018年10月、残念ながらその80年以上の歴史に幕を下ろしてしまった。河川の占有許可の関係で、今後あの場所に別の店ができるということはきっとないだろう。この本は柏書房のwebマガジン『かしわもち』での連載をまとめたものだが、たった1年たらずの連載期間の間に、記事を書いた当時は営業していたお店が3軒も閉店してしまった。僕の好きな古い大衆酒場や、歴史と味わいに満ちた横丁なども、今やどんどん減り続けている。なかでも特に、僕が天国酒場と呼んでいるような店はいつなくなってしまうかわからないし、一度なくなってしまえば、その唯一無二の天国感を味わうことは二度とできないのだ。

いまだ世界中で猛威をふるう新型コロナウィルスの影響によって閉店してしまう飲食店は、これからも増えていくだろう。が、天国酒場には、現在避けるべき「密」と呼ばれるシチュエーションとは程遠い店も多い。広々とした屋外テラス席で、じゅうぶんな対策をとりつつ飲む、心ほぐす一杯の酒。今後世界が受け入れるべき「ニューノーマル」な暮らしのなかでも、ひときわ幸せな瞬間とはいえないだろうか。

だからこそ、今訪れることのできる天国酒場、そして、現存するまだ見ぬ天国酒場をめぐる旅を、これからも続けていこうと思う。

パリッコ

本書は、柏書房webマガジン『かしわもち』で2019年10月から2020年9月にわたって連載された「天国酒場」を適宜抜粋、加筆・修正し、書籍化したものです。

本書に掲載された住所、メニュー、価格などの店舗情報は2020年8月現在、画像は取材時のものです。変更されることもありますのでご了承ください。

撮影協力：井泉亭、小玉太一、スズキナオ、古澤誠一郎、山口香奈子

天国酒場《てんごくさかば》

2020年10月10日　第1刷発行

著　者　パリッコ

発行者　富澤凡子

発行所　柏書房株式会社
東京都文京区本郷2-15-13（〒113-0033）
電　話　(03) 3830-1891［営業］
(03) 3830-1894［編集］

装丁・本文デザイン・DTP
山口香奈子（株式会社ピーエーディー）

印　刷　壮光舎印刷株式会社
製　本　株式会社ブックアート

ISBN978-4-7601-5148-6